AF470433

TRAITÉ

DE LA
SEIGNEURIE FEODALE
UNIVERSELLE,
ET DU
FRANC-ALLEU NATUREL,

Par M.ᶜ FURGOLE, Avocat au Parlement de Toulouſe.

A PARIS,

Chez JEAN-TH. HERISSANT Fils, Libraire;
rue Saint Jacques.

M. DCC. LXVII.

Avec Approbation & Privilége du Roi.

AVERTISSEMENT.

IL est des matières qui intéressent également l'Histoire & la Jurisprudence. L'union de ces deux Sciences est souvent nécessaire, & elles s'éclairent par leurs découvertes réciproques.

Ce double avantage se rencontre dans le Livre que l'on présente au Public. Il intéresse également & les Jurisconsultes & les Savans qui consacrent leurs travaux à l'étude de nos Antiquités. On y trouvera sous une forme nouvelle la question de *l'origine des Fiefs*, déja traitée par d'habiles Ecrivains.

La réputation de Monsieur Fur-

gole est un sûr garant de l'exactitude avec laquelle il a traité
ce sujet important. Son nom,
devenu célèbre à plus d'un titre,
formera toujours un heureux pré-
jugé en faveur d'un Ouvrage.

TRAITÉ

DE LA

SEIGNEURIE FEODALE

UNIVERSELLE,

ET DU

FRANC-ALLEU NATUREL.

CHAPITRE I.

Plan de ce Traité, & des sources d'où la Seigneurie Féodale Universelle peut dériver.

1. Nous ne connoissons point d'Auteur qui se soit donné la peine de rechercher & d'approfondir l'origine de la Seigneurie directe Féodale Universelle. C'est néanmoins un point assez important, pour mériter une discussion exacte ; parcequ'il sert à décider plu-

sieurs difficultés considérables , sur lesquelles les Auteurs sont partagés , & que l'on ne peut résoudre d'une maniere sure , sans avoir éclairci ce point important de l'origine de la Seigneurie Féodale Universelle ; au lieu que ce point une fois éclairci, les plus grandes difficultés qui se présentent sur la matiere des Fiefs , sont aisées à résoudre. Il ne faut presque d'autre opération , que de tirer les conséquences, qui dérivent naturellement des principes décisifs que l'on peut établir dans la recherche de l'origine de la Seigneurie. Féodale.

Pour donner de l'ordre & de la clarté à notre dissertation , nous rechercherons avec soin les causes qui peuvent avoir produit cette Seigneurie Universelle. Nous disons donc qu'elle ne peut venir que de l'une de ces quatre ou ou cinq sources, 1.° ou parcequ'elle est un droit de la Royauté selon sa premiere institution ; 2.° ou parcequ'elle est établie en France par le droit de conquête ; 3.° ou parcequ'elle l'étoit dans les Gaules tandis qu'elles étoient possédées par les Romains , & par les autres peuples qui les tenoient avant la conquête qui en a été faite , & que

nos Rois, en les conquérant, ont fuc-
cédé au droit des Romains, & des autres peuples ; 4.° ou parceque les Seigneurs qui ont le droit du Roi, l'ont
acquife par quelque révolution poflé-
rieure à la conquête ; 5.° ou enfin parceque toutes les terres du Royaume
ont été baillées originairement à titre
de fief par une conceffion générale,
enfuite de laquelle les arrière-fiefs fe
font formés. Après avoir examiné chacune de ces cinq fources en particulier, nous verrons s'il y a quelque loi
générale du Royaume qui établiffe
cette Seigneurie féodale univerfelle ,
& fi elle peut être préfumée fans titre.
Pour cela nous examinerons cette difficulté, eu égard à deux différentes
efpeces de pays, felon la divifion qui
en eft faite par tous les Auteurs ; c'eft-
à-dire, eu égard aux pays coutumiers,
& aux pays du droit-écrit.

Par rapport aux pays coutumiers,
on peut les divifer en trois claffes ; la
première, eft des Provinces ou Villes
qui ont admis cette Seigneurie univerfelle comme établie, en rejettant le
Franc-Alleu ; la feconde, des pays où
l'on a pris le contre-pied, en admettant le Franc-Alleu, comme naturel.

Dans ces deux différentes efpèces de coutumes, il ne peut point y avoir de doute, parcequ'il fe trouve réfolu par la loi municipale à laquelle il faut fe conformer ; la troifième, eft des pays où les coutumes ne décident rien fur le Franc-Alleu. Nous croyons qu'on doit appliquer à ces coutumes, les règles que nous expliquerons, & qu'il faut décider la difficulté par le principe général de la liberté, fi l'affujettiffement n'eft pas prouvé ; quoique l'opinion contraire paroiffe la plus accréditée, comme ayant été embraffée par le plus grand nombre des Auteurs. A l'égard du pays du droit-écrit, nous examinerons les règles qui lui font propres ; & nous ferons quelques réflexions particulières au fujet de la province de Guienne.

CHAPITRE II.

Examen de la première Source?

*Si la Seigneurie Féodale Univerſelle
eſt un droit de la Royauté.*

2. IL N'EST pas conteſté que, dès leur origine, les poſſeſſions ne ſoient libres & franches. Lorſque Dieu eut créé la terre, il la donna aux hommes pour la poſſéder, ſelon les paroles du Prophète Royal (1), *terram autem dedit filiis hominum ;* il ne leur impoſa d'autre charge que celle de le reconnoître pour Maître & pour Seigneur : ainſi les biens ne relevoient que de Dieu.

3. Lorſque les Monarchies ont été fondées, les Rois & les Princes ont été choiſis par les peuples pour les protéger, & les conduire à la guerre, pour les gouverner, & leur rendre la juſtice, (2) *Rex enim erit ſuper nos ; & erimus nos quoque ſicut omnes gentes :*

____

(1) *Pſalm.* 113.
(2) *Lib.* 1, *cap.* 8. *verſ.* 20. *Voyez* Pufendorff, *du droit de la nature & des gens, liv.* 7, *ch.* 6, §. 9. où il explique les paroles du Prophète Samuel, au ſujet du pouvoir des Rois.

& judicabit nos Rex noſter, & egredie-
tur ante nos, & pugnabit bella noſtra
pro nobis.

4. De leur côté les ſujets ſe ſont
engagés à leur porter toute ſorte de
reſpect, de ſoumiſſion, & d'obéiſſance ; & afin que les Rois puſſent ſe
maintenir dans la grandeur propre à
leur état, accorder à leurs peuples la
protection dont ils auroient beſoin, &
les défendre des incurſions & des
injures de leurs ennemis, les ſujets
ont contracté une obligation indiſpen-
ſable de ſe dévouer au ſervice de leur
Souverain & de l'Etat, & de lui payer
les tributs qu'il trouveroit juſte de
leur impoſer.

5. Cependant quelque grande que
ſoit la puiſſance des Rois dans leurs
Etats, ils n'ont pas prétendu que leur
pouvoir s'étendît juſqu'à diſpoſer des
biens de leurs ſujets ſans leur participation, ou ſans une cauſe (1) qui eût
le bien public pour objet (2) ; c'eſt-à-

---

(1) Zechius, *tractat. de*
Principe, cap. 5, *num.* 6.
Loiſeau des Seigneuries,
ch. 2. Voy. *Deuteron. ch.* 15,
verſ. 16. *& ſuiv.* Boſſuet,
5. *avertiſſement, num.* 44.

Arniſæus, *de Jure majeſta-*
tis, lib. 3, *cap.* 1, *n.* 9.
p. 337. Gregor. Tolof. *de*
Republ. lib. 7, *cap.* 20, *n.*
54 *& ſeq.*

(2) *Voyez* Pufendorff,

dire, qu'ils ne se sont pas regardés comme propriétaires des terres situées dans l'étendue de leurs empires, & qui étoient possédées par leurs sujets, (1) car, selon *Barbeirac sur Grotius*, hors du cas de l'utilité publique, où le Souverain agit non comme propriétaire, mais comme chef de la société, les biens de chaque sujet n'appartiennent pas plus à son Prince qu'à une autre puissance étrangère ; ce que le Roi *Achab*, tout impie que l'Ecriture-Sainte (2) le représente, reconnut fort bien ; puisqu'il ne voulut pas disposer de la vigne de Naboth, sans son consentement (3) ; & s'il se l'appropria

---

du droit de la nature & des gens, liv. 8, ch. 5, §. 2 & 7. Grotius, *du droit de la guerre*, liv. 1, cap. 1, §. 6. & Barbeirac, *dans ses notes*, n. 4. Loiseau, *des Seigneuries*, ch. 2, num. 1, Grimaudet, *Opuscule* 7.

(1) Ezechiel, *cap.* 46. vers. 17 & 18. *Et non accipiet princeps de hæreditate populi per violentiam : sed de possessione sua hæreditatem dabit filiis suis.* Voy. Grimaudet, *Opuscule* 7.

(2) *Reg.* 3. *cap.* 21. Voyez S. Chrysostôme, sur S. Mathieu, *Homélie* 86, *in fine*, voyez Paralipom.

lib. 2, cap. 19, v. 2, où le Prophète Jehu reprenant le Roi Josaphat d'avoir donné du secours à Achab, lui dit, *præbes impio auxilium*, V. le cinquième avertisement de M. Bossuet sur les lettres de Jurieu, n. 44, 51 & 56. Arnisæus, *de Jure majestatis*, lib. 3, cap. 5,

(3) Arnisæus, *de Jure majestatis*, lib 2, cap. 1. n. 3 & 4. On explique fort bien l'endroit du livre des Rois, où il est parlé de l'entreprise du crime d'Achab. *Idem* Gregorius Tolosanus, *de Republica*, lib. 7, cap. 20. n. 54. 56.

dans la fuite par le conſeil de Jéſabel ſa femme, encore plus impie que lui, cette action fut regardée comme une injuſtice, qui fut la ſource de ſes autres crimes, & des maux dont il fut accablé, ſelon la remarque de ſaint Chryſoſtôme. Qu'on ne nous oppoſe pas ce que l'Ecriture-Sainte, dans ſon premier livre des Rois, *chap.* 8, nous marque comme des droits du Roi ou de la royauté : car lorſque le peuple Juif demanda un Roi, le Prophète Samuel lui fit connoître, que la demande étoit contre ſes intérêts ; parcequ'elle n'étoit pas ſelon l'ordre de Dieu ; il prédit aux Iſraélites les malheurs qui leur arriveroient par les oppreſſions qu'ils ſouffriroient des mauvais Rois, leſquels abuſeroient de leur autorité, & il leur dit que (ſelon l'expreſſion Hébraïque) la coutume du Roi ſeroit de s'attribuer tout le bien de ſes ſujets, & de ſe faire ſervir par leurs femmes & leurs enfans. Ce n'eſt pas que Samuel fît une loi de toutes ces oppreſſions ; Moïſe animé de l'eſprit de Dieu, les avoit condamnées par avance : mais comme Prophète, il leur prédiſoit ce qui leur devoit arriver. Cela eſt ſi vrai, qu'après l'élection de

Saül à la dignité de Roi, le Prophète Samuel fit un livre contenant les droits du Roi, lequel livre nous n'avons pas ; on peut voir sur ce point *Loiseau, des Seigneuries, chap.* 3. *num.* 1 & 2.

6. Nous voyons dans la Genèse (1), que Pharaon, Roi d''Egypte, acheta dans un temps de famine, toutes les terres des Egyptiens, & qu'il les leur rendit ensuite sous une redevance de la cinquième partie des fruits. Preuve certaine que les sujets de ce Roi étoient les vrais propriétaires des terres par eux possédées, avant qu'ils en fissent la vente, & que le Roi n'y avoit aucun droit de propriété.

7. Les politiques (2) distinguent la Monarchie en deux espèces, c'est-à-dire en Royale & Seigneuriale. Ces deux sortes de Monarchies conviennent en ce que les Monarques possèdent une puissance souveraine, indépendante des Etats de la nation, si les loix fondamentales de l'Etat n'en ont autrement disposé, & n'ont limité cette puissance ; mais elles différent en ce que la Monarchie Royale n'attribue pas au

---

(1) *Genes. cap.* 47.　　Loiseau, *des Seigneuries,*
(2) Bodin, *de la Répu-*　*chap.* 2, *num.* 52 *& suiv.*
blique, liv. 2, *ch.* 2 & 3.

Souverain une propriété fur les perfonnes & fur les biens des fujets ,
comme la Monarchie Seigneuriale.
Dans un Etat Royal , le Prince, en tant
que Souverain , a des droits en trois
manières fur les biens de fes fujets ,
felon (1) Pufendorff ; la première, confifte à régler par des loix l'ufage que
chacun doit faire de fes biens, relativement à la confervation & à l'avantage de l'Etat ; la feconde, à exiger des
impôts & des fubfides ; & la troifième , à ufer des droits du Domaine
éminent, qui confiftent à difpofer des
biens qui appartiennent aux particuliers, toutes les fois que l'utilité publique l'exige ; bien entendu que les pro-
prietaires foient dédommagés , parceque, fuivant la remarque de *Loifeau, des
Seigneuries* , ch. 3, n. 42, la puiffance
publique ne s'étend qu'au commandement , & non pas à entreprendre la
Seigneurie privée des biens des particuliers, qui eft le point auquel confifte
la différence de la Monarchie Seigneuriale d'avec la pure fouveraineté, d'autant que celle-là a la Seigneurie publi-

______

(1) Pufendorff, *du droit* liv. 8, chap. 5, §. 2, 3
de la nature & des gens , & 4.

que & privée tout enſemble des perſonnes & des biens de ſes ſujets, &
celle-ci n'en a que la Seigneurie publique.

Au contraire, quatre conditions ac-
compagnent les gouvernemens arbi-
traires dans les Monarchies purement
Seigneuriales. (1) Premièrement, les
ſujets y naiſſent eſclaves ; ſeconde-
ment, on n'y poſsède rien en propriété ; troiſiémement, le Prince a le
droit de diſpoſer à ſon gré, non-ſeulement des biens, mais de la vie de
ſes ſujets ; quatrièmement, il n'y a
de loi que ſa volonté. Que cette puiſſance, ſoit licite, ou illicite, peu im-
porte, nous ne devons pas nous en
occuper, il nous ſuffit de remarquer
avec (2) Loiſeau, que la Monarchie
Seigneuriale eſt indigne des Princes
Chrétiens, qui ont aboli volontairement l'eſclavage dans leurs pays ; afin
que ceux qui ont été rachetés du ſang
de notre Rédempteur, jouiſſent dans
ce monde de leur liberté, *ut pote non
ancilla filii ſed libera, qua libertate Chriſ-
tus nos donavit.* Ce qui convient plus

---

(1) Boſſuet, *politique
tirée de l'Ecriture-Sainte,
liv. 8, art. 2, prop. 1.*   (2) Loiſeau, *ibid. ch. 2,
num. 62.*

particulièrement aux François, qui ne font affujettis qu'à un gouvernement Monarchique paternel, & dont les Rois n'ont jamais prétendu avoir le droit de faire ufage des quatre conditions propres à la Monarchie Seigneuriale ; auffi *Loifeau*, *des Seigneuries*, *ch.* 2, *n*, 92. remarque-t-il que la Monarchie de France eft Royale, & non Seigneuriale ; & au *chap.* 3, *num.* 42 du même traité, il ajoute que la puiffance publique de nos Rois ne s'étend qu'au commandement & à l'autorité, & non pas à entreprendre la Seigneurie privée des biens des particuliers.

Dans l'origine, les François étoient tous libres, dit un Auteur moderne (1)*, tous parfaitement égaux, & indépendans, foit en général, foit en particulier; il eft de la dernière évidence qu'ils n'ont combattu fi long-tems contre les Romains, que pour affurer cette précieufe liberté, qu'ils regardoient comme le plus cher de tous les biens : c'eft ainfi que les Hiftoriens, & tous les Auteurs en parlent fans qu'aucun y contredife. Ils avoient cependant des Rois ; mais, ajoute le*

____

(1) Boulainvilliers, *Dif-fertation fur la Nobleffe de France*, *pag.* 30. *Voyez* du Haillan, *état des affaires de France*, *liv.* 3.

même Auteur (1), il est absolument contraire à la vérité, & au caractère des anciens François, d'imaginer, que le droit Royal, fût parmi eux despotique ; ensorte que les particuliers lui fussent sujets pour la vie, les biens, la liberté, l'honneur & la fortune. Nous n'admettons pourtant pas certains principes de cet Auteur qui tendent à l'Anarchie, non plus que ceux de Hotman (2), de Loiseau, & des autres Auteurs qui prétendent que nos Rois de la première race n'étoient que de simples Princes, & premiers Officiers du Royaume, & que la souveraineté appartenoit aux États de la nation (3) ; mais nous reconnoissons sincèrement, tout comme nous croyons que nos ancêtres l'ont reconnu dès l'établissement de la Monarchie (4), que la puissance du Roi est souveraine, mais paternelle, tempérée par des loix qui ne peuvent émaner que de sa seule autorité, & de l'ob-

(1) *Pag.* 35, *ibid.*

(2) Hotman, *in Franco-Gallia.* Loiseau, *ib. ch.* 2, *p.* 62.

(3) *Voyez* les nouveaux intérêts des Princes, *part,* 1, *p.* 260 *& suiv. édition de* 1695, *& part.* 2, *p.* 60.

(4) Le Gendre, *traité de l'opinion, liv.* 5, *chap.* 1, *num.* 11, *tom.* 4, *part.* 2, *pag.* 118 ; du Haillan, *état des affaires de France, liv.* 3; *nouvel abrégé chronologique de l'Histoire de France, tom.* 1, *pag.* 49, 40, 41;

ſervation deſquelles il n'eſt reſponſa-
ble qu'à Dieu ſeul, dont la providence
a établi le Monarque au-deſſus de la
nation, pour l'avantage de la nation
même (1). Tel eſt le plus beau de tous
les gouvernemens, qui eſt également
éloigné du gouvernement mixte, où
l'autorité eſt diviſée, & du gouvernement deſpotique, où les peuples ſont
eſclaves. C'eſt particulièrement à notre
Monarque que nous pouvons appliquer cette penſée d'un ancien (2) : *Sub
optimo rege omnia rex imperio poſſidet,
ſinguli dominio*, ou comme le même
Auteur dit dans un autre endroit, (3)
*ad reges poteſtas omnium pertinet, ad
ſingulos proprietas*, & ſelon l'obſervation de (4) Grotius, *du droit de la guerre,
liv.* 2, *ch.* 3, §. 4. Quoique les Rois
aient un pouvoir ſur tout ce qui eſt
dans leurs Etats, ce pouvoir n'empêche
pas que chacun ne ſoit maître de ſon
bien, ſous la protection du Roi ; mais
tout n'eſt pas en ſa propriété pour en
diſpoſer comme il lui plaît, ſelon *la*

---

(1) Pufendorff, *du droit
de la nature & des gens*,
liv. 7, chap. 6. Loiſeau, *des
Seigneuries*, ch. 2, n. 92.
(2) Senec. *de Benéficiis*,
liv. 7, cap. 5.

(3) *Ibid. cap.* 4. Hennin-
gius Arniſæus, *de Jure ma-
jeſtatis*, lib. 3. c. 1.
(4) Grotius, *de Jure belli
& pacis*, lib. 2, cap. 3,
§. 4.

remarque de S. Julien dans ses mélanges, p. 688. Rien ne le prouve mieux que la remontrance faite au Roi Charles VII, par Jean Juvenal des Ursins, conservée en manuscrit dans la Bibliothèque du Roi, & dont un fragment est rapporté dans les opuscules de Loisel, p. 490. *Quelque chose qu'aucuns disent de votre puissance ordinaire, vous ne pouvez pas prétendre le mien. Ce qui est mien, n'est point vôtre ; peut bien être qu'en la justice vous êtes Souverain, & va le ressort à vous, vous avez votre domaine & chacun particulier a le sien.* C'est ainsi que parloit en face à son Roi cet illustre François, qui fut Archevêque de Rheims, & Chancelier de France. De Limiers dans son Histoire de Louis XIV. *tom.* 4. *pag.* 417. rapporte le même trait historique. Nous avons même une raison particulière, qui prouve que la Seigneurie Féodale n'est pas un droit de la Royauté dans sa première institution, c'est que, comme nous le ferons voir bientôt, lors de la conquête des Gaules, & par le partage des terres conquises, le Roi n'eut que sa portion en propriété, & le reste fut laissé aux peuples vaincus, ou assigné aux soldats victorieux aussi en pro-

priété ; & suivant la judicieuse remarque de (1) Pufendorff, lorsqu'un peuple s'est allé établir dans quelque pays
sous la conduite d'un Roi qu'il s'étoit
choisi , & qu'il s'est emparé de ce
pays, quoique alors la propriété des
biens de chaque particulier ne soit pas
tant fondée sur sa prise de possession,
que sur l'assignation qui lui a été faite
par le Roi, personne ne tient pourtant
ses biens de la libéralité du Roi : parceque ceux qui se font mis sous sa
conduite dans une telle expédition ,
ont acquis un droit parfait de posséder
en propre une portion du pays, dont
ils se rendroient maîtres en commun.
D'ailleurs, on ne connoissoit pas encore, lors de la fondation de la Monarchie Françoise, les fiefs, dont l'institution est postérieure de plusieurs siècles. Nous pouvons donc assurer avec
nos Jurisconsultes François, (2) que
le Franc-Alleu n'est pas détruit dans

---

(1) Pufendorff, *du droit
de la nature & des gens,
liv.* 8, *chap.* 5, §. 2.
　(2) Dumoulin, *sur la
coutume de Paris,* §. 68.
Rebuffe, *de congrua port.
num.* 124 *& seq.* Philippi, *Resp.* 39. *Benedicti ad
cap. Raynutius verb. &
uxorem, deciss.* 2, *n.* 13 *&
seq.* Gazeneuve, *du Franc-
Alleu, liv.* 2, *ch.* 9, *n.* 12
& seq.

le Royaume, ni la Seigneurie féodale universelle fondée sur quelque droit attaché à la Royauté, & à la puissance souveraine que le Roi a droit d'y exercer.

CHAPITRE III.

Examen de la seconde Source.

Si la Seigneurie Féodale Univerſelle a été établie en France par le droit de conquête : de l'origine des fiefs, de leurs différences avec les bénéfices : du partage des terres lors de la conquête des Gaules, & ſi les terres qui furent diſtribuées aux François, & celles qui furent laiſſées aux Gaulois, leur demeurèrent en Alleu ou pleine propriété.

8. Voyons préſentement ſi la Seigneurie Féodale fut acquiſe dans le premier établiſſement de la Monarchie Françoiſe, lorſque nos Rois firent la conquête des Gaules ; ce que l'on peut découvrir en examinant ce qui arriva après la conquête, & de quelle maniere les terres conquiſes furent partagées.

9. Or nous ſoutenons qu'elle ne fut point établie alors, par deux raiſons ; la première, parceque les fiefs, qui ſont la production & l'effet naturel de

la Seigneurie directe féodale, & du
tranſport de la Seigneurie utile ſur la
tête du vaſſal, n'étoient pas encore
connus, qu'ils ne l'ont été que long-
temps après, & que les Alleus auroient
été inconnus ſi tout le Royaume étoit
devenu un fief lors de ſa fondation :
cependant les Alleus ont toujours été
connus dans le Royaume ; la deuxième, parceque les terres qui furent diſtribuées aux ſoldats de l'armée victorieuſe, & celles qui furent laiſſées aux
peuples vaincus, furent par eux poſſédées en pleine propriété, & en véritable Alleu. Ces deux raiſons étant une
fois bien établies, nous pourrons en
conclure ſurement, (ſans examiner le
droit qu'un Conquérant a ſur les terres
par lui conquiſes, parceque la queſtion de droit eſt oiſeuſe quand le fait
ne s'y applique pas), que la Seigneurie féodale univerſelle ne fut pas établie dans le Royaume lorſque la conquête en fut faite : ſoit parcequ'il eſt
impoſſible, que l'on ait établi une Seigneurie féodale, alors inconnue : ſoit
parceque dans le partage des terres
conquiſes, on obſerva une même
forme pour le partage de toutes les
terres des Gaules, les Francs ayant

alors la même loi & le même usage ; sans excepter la Guyenne ; d'autant mieux, que la conquête de cette province fut plutôt l'effet de la bonne volonté des Aquitains, que des armes du Roi Clovis, comme nous le prouverons en son lieu.

10. La preuve de ces deux raisons seroit superflue, s'il étoit vrai, comme l'assure *M. l'Abbé Dubos,* (1) que les Gaules ne sont pas une conquête du Roi Clovis, ni de ses prédécesseurs. Il prétend que vers l'année 443, Clodion qui régnoit sur celle des tribus des Francs, qui s'appeloit la tribu des Saliens, & qui avoit conservé un coin de pays sur la frontière du district de la cité de Tongres, se saisit de Cambray, & se rendit maître de la contrée, qui est entre cette dernière ville, & la Somme. Aëtius fit aussi - tôt la guerre aux Francs - Saliens ; mais la crainte de l'invasion, qu'Attila, Roi des Huns, se disposoit de faire dans les Gaules, fit non - seulement cesser cette guerre , mais encore engagea Aëtius à s'allier avec les Francs , &

____

(1) L'Abbé Dubos, *His-toire critique de l'établis-sement de la Monarchie Françoise, discours préliminaire.*

les autres peuples barbares des Gaules. Cette confédération dura pendant les règnes de Meroüée & de Childeric. Ce dernier devint même maître de la milice des Romains. Quand Odoacre, l'un des Rois des Goths, se fut emparé de Rome en 476, & qu'il eut détruit l'Empire d'Occident, les provinces des Gaules qui en dépendoient, tombèrent dans une espèce d'anarchie, à la faveur de laquelle il y eut des Officiers Romains, qui se rendirent maîtres des pays, où ils n'avoient qu'un simple commandement, en vertu d'une commission du Souverain. Clovis succéda non-seulement au petit Royaume de son père ; mais encore à la dignité de maître de la milice, qu'il avoit possédée : & ce fut à la faveur de cette dignité, qu'en 30 ans de règne, il se rendit maître des deux tiers de la Gaule, sans se déclarer néanmoins ennemi de l'Empire. Ensorte, qu'il en usa de la même manière que les Ducs & les Comtes sur la fin de la seconde race de nos Rois, qui s'emparèrent seulement des domaines & des droits régaliens ; mais qui laissèrent les héritages des particuliers dans le même état. Si ce système, que l'Auteur établit fort bien, étoit reçu, il n'en faudroit pas davantage pour prouver que la Seigneurie féodale univerſelle n'avoit pas été établie en France lors de la fondation de la Monarchie. Mais il n'eſt pas encore aſſez accrédité pour que nous puiſſions le prendre pour fondement de nos raiſons. Auſſi le laiſſerons nous à l'écart, pour raiſonner ſur les faits reconnus pour vrais par l'opinion commune de nos Hiſtoriens.

11. Nous apprenons de Mezeray (1), que les Francs, peuples de Germanie, firent en 256, ſous l'Empire de Gallus & de Voluſien, une première irruption dans les terres de l'Empire Romain, qui ne leur réuſſit pas.

12. Depuis cette irruption, il ſe paſſa près de 180 ans, juſqu'au temps qu'ils conquirent, ou qu'ils obtinrent des Romains quelques terres dans la Gaule, c'eſt-à-dire, dans le pays de Cologne, & de Liége (2). Pendant ces deux ſiècles, ils continuèrent leurs incurſions avec divers ſuccès, ſe reti-

---

(1) Mezeray, *avant Pharamond, & aux vies de* Pharamond, Clodion, Meroüée, Childeric & Clovis, *dans l'abrégé chronologique*, *édition de* 1688. *Voyez* Paſquier, *Recherches, liv.* 1. *chap.* 7.

(2) Mezeray, *ibid.*

rant toujours avec leur butin dans la Germanie. Ils avoient plusieurs Rois, Princes, ou Généraux, qui n'avoient d'autorité absolue, que dans la guerre. Quelquefois ils se rendoient stipendiaires Romains, quelquefois leurs sujets.

13. La dernière (1) année du règne de Pharamond, qu'on compte le premier Roi de France; ils furent repoussés au-delà du Rhin par les Romains, qui leur ôtèrent les terres qu'ils possédoient en Gaule.

14. Clodion (2), deuxième Roi des François, profitant du désordre des affaires de l'Empire Romain, repassa le Rhin (3), & conquit plusieurs villes de la Gaule. Meroüée étendit les conquêtes de son prédécesseur, sur une partie de la Picardie, sur la Normandie, & presque toute l'Isle de France.

---

(1) Mezeray, *ibid.*

(2) *Gregorius Turonensis, lib.* 2. *Histor. cap.* 9. Mezeray, *ibid.*

(3) Selon l'opinion commune, la Monarchie Françoise a été fondée par la tribu des Saliens; mais M. Ribaud de Rochefort, Avocat au Parlement, dans son recueil de pièces ou dissertations adressées au Pere Rouillé, imprimé à Paris, chez Chaubert en 1738, prétend que cette Monarchie a été fondée par la tribu des Sicambres, que Clodion le Chevelu en a été le premier Roi, & fixe l'époque du commencement de son règne à l'année 428.

Et sous le règne de Clovis, après la mort de Syagrius, il ne resta plus rien aux Romains dans les Gaules. Les François s'affranchirent entièrement du joug de l'Empire Romain, & devinrent ses alliés. La partie de la Gaule, qui est depuis le Rhin, jusqu'à la Loire, s'appella France. Les François arpentèrent ces terres, & se les partagèrent entr'eux, & les anciens habitans. Tout ce que nous venons de dire, est fondé sur l'opinion commune de nos Historiens. Il est vrai que certains, & entr'autres Boulainvilliers (1), ont prétendu, que Clovis a été le premier Roi de France ; mais quand leur sentiment particulier seroit véritable, il s'ensuivroit seulement, que l'on devroit attribuer à Clovis, ce que l'on attribue aux Rois, qui selon l'opinion commune, l'avoient précédé. Nous pouvons donc fixer l'époque de ce partage avant l'année 511, qui est le temps de la mort du Roi Clovis, suivant (2) Mezeray, le P. Daniel, & les autres Historiens les plus exacts.

---

(1) Boulainvilliers, *Histoire de l'ancien gouvernement*, tom. 1, pag. 17 de l'édition de 1727. Daniel, *Histoire de France*.

(2) Mezeray, Daniel, vie de Clovis.

Or

Or les fiefs étoient alors inconnus en France, comme il eſt facile de le montrer, en recherchant leur origine, & leur établiſſement en France.

15. Les Ecrivains (1) ne ſont pas d'accord ſur l'origine des fiefs ; encore moins conviennent-ils quels ſont les peuples qui les ont introduits. Les uns, du nombre deſquels eſt Fauchet (2), vont chercher leur origine dans le droit des gens, & veulent, que les terres, que les Rois de Perſe, ceux de Macédoine, les Conſuls & Empereurs Romains, & autres Monarques ou Républiques, ont baillées à leurs Capitaines & Soldats pour les ſervir en guerre, ſous divers noms, fuſſent des fiefs.

16. Budé (3), Luc de Penna, Zazius, Corbin, & pluſieurs autres, ont prétendu que les Romains les avoient introduits, & en prennent la ſource dans la Clientèle, ou Patronage des

De l'origine des fiefs, & s'ils ont été originairement des bénéfices.

---

(1) *Voyez Brodeau, ſur la coutume de Paris, titre des fiefs,* Hevin, *ſur Frain. Plaid.* 86, *& les Auteurs par eux cités.*

(2) Fauchet, *de l'origine des dignités, chap.* 6.

(3) Budæus *in pandeſtas* L. Lucius, *ff. de eviſt.* Lucas de Penna, *in Cod. quicumque, cod. de omni agro deſerto;* Zazius *in epitom. Feud.* Corbin, *du droit de Patronage & de Clientele des fiefs & cenſives.*

C

Romains, qu'ils ont regardé comme de véritables fiefs (1). D'autres ont cru trouver cette origine dans la distribution qu'Alexandre-Sévere & les autres Empereurs faisoient à leurs soldats, des terres limitrophes par eux conquises, à la charge du service militaire (2) ; les autres dans les avoués ou soudoyers des Gaulois dont César fait mention (3). Mezeray & quelques autres les attribuent aux Lombards (4). Boulainvilliers a cru, tantôt que l'invention en vient des Saxons, tantôt que Charlemagne les avoit introduits en France, à l'exemple des Lombards (5). Du Haillan les attribue aussi à Charlemagne ; d'autres à Charles le simple, c'est le sentiment de Belleforêt, *liv.* 2, *chap.* 70 de ses annales ou histoire de France ; d'autres les attribuent aux Germains ; d'autres aux François,

---

(1) Ducange, *gloss. latin verb, feudnm.* L'Abbé Dubos, *histoire critique de l'établissement de la Monarchie*, tom. 1, *liv.* 1, *chap.* 9.

(2) *Voyez* Auteferre, *origin. feud. cap.* 1.

(3) Mezeray, *abrégé chronologique*, tom. 1, p, 84. *de l'édition de* 1638.

(4) Boulainvilliers, *dissertation sur la noblesse de France, pag.* 102, *& histoire de l'ancien gouvernement*, tom. 1, p. 109, 291 *& seq.*

(5) Du Haillan, *Histoire de France, vie de Charles le Grand* p. 229, 230.

de ce nombre font (1) Pafquier & Dumoulin (2), & ce dernier Auteur en fait remonter l'origine avant l'établiffement de la Monarchie. Enfin (3) les autres , dont l'opinion nous paroît la feule véritable, prétendent que les fiefs n'ont été introduits en France que fur le déclin de la feconde race de nos Rois , ou au commencement de la troifième, c'eft-à-dire, dans le dixième fiècle ; ce qui revient à-peu-près au fentiment de Belleforêt.

17. L'opinion de ceux qui prennent l'origine des fiefs du droit des gens, ou du droit Romain, de la diftribution des terres faites par les Empereurs, de la clientelè , ou patronage des Romains, ou des avoués & des foudoyers des anciens Gaulois, n'a aucune apparence de raifon : auffi a-t-elle été bien réfutée par (4) Dumoulin, Auteferre,

---

(1) Pafquier , *recherches, liv. 2 , chap. 15.*

(2) Dumoulin, *fur le titre des fiefs de la coutume de Paris , num.* 12 , 13.

(3) Chantereau le Fevre, *de l'origine des fiefs , liv.* 1, *chap.* 1, & *liv.* 2 , *chap* 1. *Hiftoire générale du Languedoc , liv.* 7 , *num.* 93. *Dictionnaire de Trévoux ,* *verb.* fief. Daniel , *hiftoire de la milice de France , liv.* 3. *chap.* 1. Bafnage, *fur le titre des fiefs de la coutume de Normandie.*

(4) Dumoulin, Auteferre, *ibid.* Galand, *du Franc-Alleu , chap.* 5. Duarenus *in confuet. feud. cap.* 3. Chantereau, *de l'origine des fiefs , liv.* 1. *chap.* 7.

Galand, Chantereau le Fevre, & plusieurs autres.

18. Nous ajouterons seulement, que
ceux qui les font venir de la distribution des terres faites aux Capitaines &
aux Soldats par les Empereurs Romains, ne se fondent que sur un paf-
sage de Lampride en la vie d'Alexan-
dre-Sévère, qu'ils n'ont pas bien entendu. Cet Historien dit : *Sola quæ de
hostibus capta sunt, limitaneis ducibus
& militibus donavit ; ita ut eorum ita
essent, si heredes illorum militarent, nec
umquam ad privatos pertinerent, dicens
attentiùs hos militaturos, si etiam sua
rura defenderent.* Ces Auteurs ont donc
cru que ce passage prouvoit que la
propriété de ces fonds demeuroit toujours à l'Etat, ensorte que les possef-
seurs n'en avoient qu'un simple usufruit. Ils y trouvoient par conséquent
une grande conformité avec les bénéfices militaires. Mais ce passage bien
'expliqué, prouve au contraire, que
la propriété étoit transférée aux Capitaines & aux Soldats. Les mots, *donavit, eorum essent, sua rura,* ne laif-
sent aucun lieu de douter de cette vérité. En effet, le mot *donavit* désigne
une donation, laquelle transféroit la

propriété selon l'usage des Romains ;
ce qui est si vrai, qu'il n'y avoit que
le propriétaire qui pût donner, *l.* 9,
§ 3, *ff. de donat*, & *l.* 14, *cod. eod.*
& Lampride emploie même quelques
lignes auparavant le mot *donavit*, pour
désigner le transport de la propriété.
Les mots *eorum* & *sua* sont encore des
termes qui désignent la propriété,
comme le prouvent la loi 27, § 2 ; la
loi 34, *ff. de auro & argento leg.* &
les Interprètes sur cette loi, qui disent,
verbo, suum, dominium significari, ou
selon les expressions de la glosse du ca-
non 1, dist. 8, *hæc verba, meum & suum
spectant ad Dominum.* Il est vrai que
ces fonds n'étoient pas transmissibles
aux héritiers, à moins qu'ils ne fussent
soldats, & qu'ils ne pouvoient pas
appartenir à des personnes purement
privées, *ad privatos* ; mais cela ne
s'oppose pas au transport de la propriété, en faveur des Capitaines &
des Soldats auxquels la distribution en
étoit faite ; on voit seulement que la
donation renfermoit une condition,
que les Jurisconsultes appellent réso-
lutive, qui non-seulement empêchoit
que les possesseurs ne pussent aliéner
ni transporter ces fonds à d'autres que

des foldats ; mais encore qui devoit faire revenir la propriété au pouvoir du Prince, en cas d'aliénation faite à des perfonnes qui ne ferviroient pas dans les armées, de la même maniere que les loix Romaines, dans le titre du Code *de donat. quæ fub modo*, font revenir au Donateur, les biens qu'il a donnés fous une condition femblable ou approchante ; la propriété étoit donc transférée aux foldats ; mais elle pouvoit être réfolue fous condition, c'eft-à-dire, dans le cas de l'aliénation ou du tranfport à ceux qui ne porteroient pas les armes ; car c'eft la véritable fignification du mot *privatos*, qui n'eft pas employé pour dire que la propriété n'en appartiendroit pas aux foldats comme perfonnes privées, & par oppofition à l'Empereur, mais qu'elle ne pourroit pas appartenir aux perfonnes privées, par oppofition aux Capitaines ou Soldats ; enforte que l'Hiftorien appelle *privatos* ceux qui n'auroient pas la qualité de foldats, comme n'ayant point d'emploi public, tel que celui des Capitaines & des Soldats. C'eft dans ce même fens qu'on trouve le mot *privatos* dans Varron, *de lingua latina*, lorfqu'il dit, *omnes*

*quirites pedites , armatos , privatofque
curatores omnium tribuum , &c.* où il
paroît que le mot *privatos* eſt employé
dans le même ſens que *paganos* dans
les loix Romaines, au titre du digeſte
& des Inſtituts , *de teſtamento mili-
tis ,* & dans la loi 19 , *Cod. de paĉtis,*
& par oppoſition aux ſoldats, comme
le remarque l'Auteur du *Lexicon Ju-
ridicum* au mot *privatus,* pag. 744 de
l'édition de 1640; la loi 31, *cod. de locato ,* lorſqu'elle dit des ſoldats, *armis
autem, non privatis negotiis occupen-
tur,* emploie auſſi le mot *privatus ,* par
oppoſition à la fonĉtion publique de
l'exercice des armes. C'eſt ainſi que
Chantereau le Fevre, de l'origine des
fiefs, *liv.* 1. *chap.* 2. à fort bien explique ce paſſage de Lampride.

19. A l'égard des autres opinions,
nous n'avons pas beſoin de diſcuter
quelle eſt la plus vraiſemblable. Il
nous ſuffiroit de prouver, que les fiefs
n'ont pas été connus en France, lors
du partage des terres, fait ſous le règne
de Clovis, pour en tirer la conſéquence
dont nous avons beſoin ; mais nous
ferons voir ſurabondamment, que les
fiefs n'ont été introduits dans le Royaume que dans le ſiècle de Hugues Capet :

qu'ainsi ils ne sont pas, à beaucoup
près, si anciens, que l'a pensé le commun des Auteurs, dont le sentiment
n'est fondé que sur une équivoque, en
ce qu'ils ont cru que les bénéfices,
qui étoient usités pendant le règne des
Rois de la première race, & dont les
Capitulaires de nos Rois, & les Historiens parlent souvent, étoient des fiefs
tels qu'on les connoît aujourd'hui,
avec cette seule différence qu'ils sont
devenus héréditaires, au lieu qu'originairement ils n'étoient qu'àvie : équivoque qui a été fort bien relevée par *S.
Julien* (1), *Chantereau le Fevre,* & par
plusieurs autres Auteurs, qui ont pris
soin de faire remarquer les différences,
& même les oppositions, qui se ren-
contrent entre les bénéfices & les fiefs,
en observant que les bénéfices sont
plus anciens de plusieurs siècles que
les fiefs ; que c'étoient des terres dont
le Prince donnoit la jouissance à ses
Capitaines & Soldats pour leur entre-

---

(1) S. Julien, *mélanges
historiques, des fiefs, ch.* 5.
Chantereau le Fevre , *de
l'origine des fiefs, liv.* 1.
ch. 3 *&* 8. Basnage, *sur le
titre des fiefs de la coutume
de Normandie. Voyez* Poc-
quet de Livoniere , *traité
des fiefs, liv,* 1. *chap.* 1.
Boulainvilliers, *dissertation
sur la noblesse de France ,*
pag. 22 , 23 , 104. *Dictionnaire de Trevoux,* verb.
fiefs.

tien tandis qu'ils feroient à fon fervice,
& qu'ils porteroient les armes fous fes
enfeignes. Que la conceffion en étoit
faite pour un, deux, trois ans, ou à
vie, à la charge du fervice militaire,
à peine de privation ; qu'ils ne confiftoient qu'en fimple ufufruit, fans tranfport d'aucune forte de propriété ; qu'il
paroît même d'une ancienne Charte,
rapportée par *Oihenart* (1), que le Seigneur avoit la liberté de révoquer la
conceffion, quand il voudroit, tout
comme le poffeffeur pouvoit fe dégager du fervice en y renonçant ; qu'enfin les poffeffeurs des bénéfices ne devoient ni foi, ni hommage, ni aucun
des autres droits féodaux qui ne peuvent être qu'une fuite du domaine utile
héréditaire, dont le Bénéficier militaire n'a jamais été revêtu ; mais feulement le fimple fervice militaire, &
la fidélité comme les autres fujets ; par
où l'on voit qu'il y a un grand rapport entre les bénéfices dont je viens
de parler, & les Liamets, & les Timars
des Turcs, ainfi qu'ils font défignés
par la *Guillotière, liv.* 4 *de fon Athè-*

_____

(1) Oihenart, *notitia utriufque Vafconia, lib.* 2, *cap.* 12, *pag.* 264 ; 265. les termes de cette Charte font rapportés, *inf. n.* 107.

nes ancienne & nouvelle, pag. 361. & suiv. de l'édition de 1676, & par les autres voyageurs.

20. Quant aux fiefs, les mêmes Auteurs nous apprennent, que les conceffions en ont été perpétuelles, dès leur inftitution, tranfmiffibles aux héritiers, & irrévocables hors du cas de félonie. Outre le fervice militaire, ils furent affujettis à divers droits, & particulièrement à la foi & à l'hommage. Ils ont transféré au vaffal autre chofe qu'un fimple ufufruit, c'eft-à-dire, un domaine utile. Tout propriétaire a eu la liberté de faire des conceffions à titre de fief, & la néceffité où fe font trouvés les ufurpateurs des bénéfices, & des autres droits domaniaux, de prendre des moyens pour s'y maintenir, leur a fait imaginer ce nouveau genre de conceffion, dans laquelle ils ont engagé ceux qui devenoient leurs vaffaux, à les fervir en guerre contre tous fans exception, même contre le Souverain, en obfervant certaines formalités marquées dans une ordonnance de S. Louis, art. 50, rapportée par *Chantereau le Fevre, pag.* 208 ; ce qui, felon la remarque du P. Mabillon, *de re diplom. lib.* 4. *cap.* 30. § 5, intro-

duisit les guerres privées, que les loix Romaines ont mis au rang dès crimes de lèze-majesté, *lib. 3. ff. ad L. Juliam majestatis*, au lieu qu'auparavant le droit de guerre n'appartenoit qu'au Souverain, suivant les loix de presque tous les peuples, comme l'observe Grotius, *du droit de la guerre, liv. 1, chap. 3 , § 4,* Par ou l'on découvre des différences si sensibles, même une telle opposition entre les bénéfices & les fiefs, qu'il ne peut y avoir aucun lieu de douter que les fiefs n'ont jamais été des bénéfices, ni les bénéfices des fiefs.

21. De plus, on ne trouve ni trace ni vestige des fiefs en France, avant le siècle de Hugues Capet, comme l'ont observé les Auteurs (1), qui ont examiné la matiere avec le plus d'exactitude. En effet, on ne voit point le mot *feudum*, ni aucun autre équivalent, dans les loix des Visigots, des Bourguignons, ni dans les autres qui sont dans le recueil qui a pour titre : *Codex legum antiquarum*, à l'exception de celles de Naples ou de Sicile, qui furent compilées en l'année 1221 ; ce qui

---

(1) Chantereau le Fevre, *de l'origine des fiefs, liv. 2. ch. 1.* Basnage, *sur le titre des fiefs de la coutume de Normandie.* Saint Julien, *ibid.*

prouve que les autres en auroient parlé
tout comme celle-ci, si les fiefs avoient
été introduits lorsqu'elles furent compilées. On ne le trouve pas non plus
dans les Capitulaires de nos Rois, ni
dans les anciens Ecrivains qui ont précédé le siècle de Hugues Capet. On
y voit à la vérité les mots *senior, vassi,
vassalli, vassaticum, fideles, leudes, honor, homo,* que les Féodistes peu versés
dans l'histoire, ont pris pour des termes relatifs aux fiefs, & qui en sup-
posoient l'usage. Mais *Chantereau le
Fevre,* qui de l'aveu de ceux (1) qui
ont écrit après lui, est l'Auteur qui a
le mieux réussi dans la recherche de
l'origine des fiefs, a fait voir en cela
l'erreur des Féodistes, & a prouvé par
une foule d'autorités, que ces termes
n'avoient aucun rapport avec les fiefs,
lorsqu'on les a employés dans les Capitulaires de nos Rois. Comme nous
ne voulons pas nous approprier les
recherches de ce savant Auteur, il
nous suffit d'y renvoyer. Il explique
les mots *senior, vassi, vassalli, vassaticum au liv.* 2 *de l'origine des fiefs,
chap.* 2, 3, 4 & 5. Le mot *fideles, au*

---

(1) Claude de Ferrieres, *sur la coutume de Paris.*

liv. 3 , *chap.* 3 , *pag.* 164 ; le mot *leu-*
des , *au liv.* 1 , *chap.* 7 ; le mot *homo* ,
au liv. 3 , *chap.* 1 *&* 3. Pour ce qui eſt
du mot *honor* , il eſt ſynonyme avec
le mot *beneficium* , différent du fief ,
comme l'aſſurent Baſnage (1) , & tous
les Auteurs. Il y a une infinité de cha-
pitres dans les Capitulaires (2) , qui
confirment cette vérité : il ſuffira d'en
rapporter un , qui porte , *quicumque ex*
his qui beneficium principis habent , pa-
rem ſuum contra hoſtes in exercitu per-
gentem dimiſerit , & cum eo ire vel ſtare
noluerit , honorem ſuum & beneficium
perdat. (3). Il eſt clair que dans cet
endroit *honorem & beneficium perdat* ,
ſignifient une ſeule & même choſe ,
c'eſt-à-dire , la perte du bénéfice.

22. Nous ajoutons pour répondre
à certains Auteurs , qui ont prétendu
que *le Fevre* n'avoit pas bien expliqué
ces termes , que tout au plus , ils pourroient être relatifs aux bénéfices qui
étoient alors en uſage ; mais on ne
pouroit pas en conclure qu'ils ſuppo-

---

(1) Baſnage, *ſur le titre*
des fiefs de la coutume de
Normandie.

(2) *Capitul. Caroli Ma-*
gni , lib. 3. *cap.* 7 .

(3) *Voyez* le ſupplément
à la Diſſertation ſur la nobleſſe de France , *verb. al-*
lend. pag. 5 *& ſeq.*

sent l'exiftence des fiefs , dont l'établiffement eft poftérieur de plufieurs
fiècles , & qui font différens des bénéfices, comme nous l'avons remarqué.

23. Dès qu'il eft établi que les bénéfices ufités par les anciens François,
font d'une nature différente de celle
des fiefs , on ne peut pas faire remonter l'origine des fiefs , à celle des bénéfices. Ainfi on doit prendre l'établiffement des fiefs en France depuis
que le mot *feudum* , ou quelqu'autre
qui a la même fignification , fe trouve
dans les actes anciens , ou dans les
Hiftoriens (1). Voilà pourquoi on peut
affurer, que les fiefs ne commencè-
rent à s'établir que fur la fin de la feconde race de nos Rois, comme l'ont
foutenu Chantereau le Fevre , les
nouveaux Hiftoriens du Languedoc, le
P. Daniel , & les autres Auteurs rapportés ci - deffus , parcequ'il n'en eft
fait mention que vers ce temps-là (2).

---

(1) Chantereau, Bafna-
ge , *Hiftoire générale du
Languedoc*; *Dictionaire de
Trévoux* ; Daniel , *aux endroits cités fup. num.* 16.
*Nouvel abrégé chronologi-
que de l'Hiftoire de Fran-*
ce , *tom.* I. *pag.* 92.

(2) Cette Ordonnance
eft rapportée par Chante-
reau le Fevre , *pag.* 182,
avec fes notes marginales ,
qui en découvrent les vices.

L'ordonnance de Louis le Gros, qui eft d'une date antérieure à cette époque, & qui parle nommément des fiefs, ne peut pas être oppofée à notre opinion, parceque c'eft une pièce vifiblement fuppofée, comme l'a montré (1) *Chantereau le Fevre* dans fon favant traité de l'origine des fiefs, & dans fes notes fur cette prétendue ordonnance.

24. Ce qui fit introduire les fiefs en France (2), fut, comme nous avons dit en paffant, l'acquifition du confentement du Roi Hugues Capet, felon *Saint-Julien*, ou l'ufurpation que les grands Seigneurs firent des biens domaniaux, & de la propriété des bénéfices, ce qui les détruifit entièrement, enforte que, fuivant la remarque de (3) *Boulainvilliers & de S. Julién*, dès que les poffeffeurs fe furent attribué cette proprieté, & que les fiefs furent établis, il ne fut plus queftion des bénéfices. Ce fut un moyen que les ufurpateurs mirent en ufage pour

---

(1) Chantereau le Fevre, *liv.* 1. *ch.* 6.

(2) S. Julien, *mélanges hiftoriales des fiefs, ch.* 5. *pag.* 675, 696, 697.

(3) Boulainvilliers, *differtation fur la nobleffe, pag.* 102, 103, 105. S. Julien, *ibid. pag.* 695, 698.

se maintenir dans leurs usurpations. *Il est croyable*, dit Mezeray (1) dans son abrégé, en parlant des Ducs & des Comtes, *que eux-mêmes avoient les premiers donné les terres qui dépendoient d'eux, à leurs vassaux, afin qu'ils fussent intéressés à les maintenir dans leur usurpation* ; mais ceci est encore mieux expliqué par (2) *Chantereau le Fevre*, lorsqu'il dit, *que l'hérédité des Duchés & Comtés engendra celle des bénéfices. Les Ducs & les Comtes les donnèrent en propriété héréditaire à leurs parens & amis, & à ceux qui avoient suivi leur fortune.* Ce fut sans doute à la charge des droits féodaux (3), ce qui est observé de même par (4) *Pocquet de Livoniere*, par où l'on voit que c'est une erreur de la part de ceux, qui, confondant les bénéfices avec les fiefs, ont cru que les fiefs n'étoient originairement qu'à vie, ce qui ne convient qu'aux bénéfices : au lieu que

----

(1) Mezeray, *abrégé chronologique, vie d'Hugues Capet*, tom. 2, p. 460. Voyez Chantereau le Fevre, liv. 2, chap. 1 ; & liv. 1, chap. 8, pag. 50. Boulainvilliers, *ibid.*

(2) Chantereau le Fevre, liv. 1. chap. 8. pag. 55. S. Julien, *ibid.*

(3) S. Julien, *mélanges historiques, des fiefs*, ch. 5, pag. 695.

(4) Pocquet, *traité des fiefs*, liv. 1, chap. 1.

les

les fiefs ont été héréditaires dès leur inftitution (1). Les bénéfices dont la propriété fut ufurpée, ont bien donné l'ouverture à l'ufage des fiefs, felon (2) *le Fevre*, ou, comme dit le *P. Daniel*, font l'origine des fiefs, en ce qu'ils devinrent avec le temps ce que l'on appela du nom de *fief* : mais ils n'ont jamais été des fiefs, & cela eft fi vrai, que (3) dès auffi-tôt que les fiefs furent inftitués, on ne pratiqua plus les bénéfices qui furent *abforbés par les fiefs*, felon les expreffions de *S. Julien* & l'obfervation de Boulainvilliers, comme nous l'avons dit.

25. Quoiqu'il en puiffe être, & quand on regarderoit l'opinion de ceux qui attribuent à Charlemagne, l'établiffement des fiefs en France, comme la mieux fondée, à caufe qu'on trouve dans les Capitulaires, les mots *vaffi, vaffalli, vaffaticum*, & autres que les Auteurs ont cru être relatifs aux fiefs, il eft certain que lors du partage des terres des Gaules, fait pendant le règne

---

(1) *Voyez* le Supplément à la differtation fur la nobleffe de France, *verb. arriere fief, pag.* 34.
(2) Chantereau le Fevre, *liv.* 1. *ch.* 8, *p.* 50. Daniel,
hiftoire de la milice Françoife, liv. 2. *ch.* 1. *p.* 42. S. Julien, *ibid.*
(3) S. Julien, *ibid. pag.* 698.

de Clovis, les fiefs n'étoient pas encore connus, & par conséquent, il est impossible, que les terres des Gaules, fussent alors données en fiefs. Nous ajoutons que quand les bénéfices seroient des fiefs, la concession du château de Melun avec le Duché, faite par Clovis en faveur d'Aurélien, qui est la plus ancienne qu'on connoisse, & qu'on ne peut pas même regarder comme un bénéfice militaire, mais comme un gouvernement, ainsi que l'a fort bien prouvé *Chantereau le Fevre, de l'origine des fiefs*, & que l'a entendu le P. Jourdan, en la vie de Clovis, *tom.* 2, *pag.* 48, *liv.* 1, *chap.* 1, en la prenant même comme un bénéfice militaire, ne pouroit avoir été faite que de ce qui étoit échu au lot de Clovis. En effet, nos Historiens (1) nous apprennent que c'étoit une loi parmi les François, que tout le butin étoit mis en commun, & partagé entre

-----

(1) Aimoin, *lib.* 1, *cap.* 12. Gregorius Turonensis, *lib.* 2 *histor. cap.* 27. Mezeray, *abrégé chronologique, vie de Clovis, tom.* 1, *pag.* 27. du Haillan, *de l'état & succès des affaires de France, liv.* 1, *fol.* 17. Boulainvilliers, *histoire de l'ancien gouvernement, tom.* 1. *pag.* 50. Fauchet, *des antiquités Françoises, liv.* 2, *chap.* 16. Nicole Gilles, *en la vie de Clovis.*

les gens de guerre. L'exemple qu'ils rapportent le prouve. Parmi le butin que l'armée de Clovis avoit fait, il avoit été pris un vase précieux dans une Eglise. Clovis demanda par grâce lors du partage du butin qui fut fait à Soissons, qu'on lui donnât ce vase par préciput, afin qu'il pût le rendre à l'Evêque qui l'en supplioit ; mais un soldat s'y opposa, & donna un coup de hache, ou de lance sur ce vase, disant que le Roi n'auroit que ce que le sort lui donneroit ; sur quoi Boulainvilliers (1) fait cette observation, que l'on trouve dans cet exemple une preuve de l'ancienne liberté des Francs, & de l'étendue de leurs droits ; puisque l'opposition d'un seul mettoit obstacle à la volonté du Roi, qui comme chef de la justice acquiesce à un droit certain, parceque le partage étoit égal ; d'où l'on peut inférer que la concession du château de Melun en faveur d'Aurélien, ne fut faite que de ce qui étoit échu au lot de Clovis ; si le Roi trouva des obstacles pour un simple vase, n'en auroit-il pas trouvé

____

(1) Boulainvilliers, *histoire du gouvernement ancien,* *tom. I, pag. 50, 51.*

davantage pour une ville, ou pour une province? D'ailleurs les Hiſtoriens ne parlent que d'une ſeule conceſſion à titre de bénéfice, faite par le Roi Clovis; & s'ils ont eu l'attention de rapporter cette conceſſion unique, ils auroient fait mention à plus forte raiſon d'un événement auſſi remarquable que le ſeroit une conceſſion générale de toutes les terres conquiſes. On peut donc conclure du ſilence des Hiſtoriens, qu'il n'eſt point vrai, que les terres qui échurent aux Capitaines & aux Soldats après la conquête, leur fuſſent données à titre de bénéfice. Ainſi les bénéfices fuſſent-ils des fiefs, la Seigneurie féodale univerſelle ne pouroit point être préſumée acquiſe depuis la conquête; car il faudroit que toutes les terres euſſent appartenu au Roi, & qu'il les eût baillées à titre de bénéfice, ce que l'hiſtoire ne dit pas, elle prouve même le contraire.

Les terres qui furent diſtribuées aux Fran- çois, & celles qui furent laiſ- fées aux Gaulois, leur de-

26. Venons à la preuve de la ſeconde raiſon que nous avons annoncée; ies Ecrivains ſont bien d'accord que les terres des Gaules furent partagées après la conquête; puiſque c'étoit une loi parmi les François, de partager tout le butin, comme nous l'avons dit. Mais

ils ne conviennent pas de la forme du partage. *Mezeray* (1) croit que les François prirent le tiers ou le quart des terres des peuples vaincus, qu'ils partagèrent entr'eux, & dont les Rois eurent pour leur portion quantité des plus belles, fpécialement aux environs des grandes villes ; d'autres difent les deux tiers, c'eft le fentiment du (2) P. Daniel & des nouveaux Hiftoriens du Languedoc. (3) Selon Boulainvilliers, Chantereau le Fevre, M. l'Abbé Dubos, les Francs ne dépouillèrent les Gaulois d'aucune partie de leurs terres. Voici de quelle manière s'explique Boulainvilliers. *Quoique le droit de conquête eût donné aux François le pouvoir de difpofer des terres & des biens de tous leurs nouveaux fujets, on ne doit pas juger que tous les habitans naturels de la Gaule, aient été dépoffédés de tous leurs héritages ; en effet, ç'auroit été une méchante politique, car*

en marge : meurèrent en Alleu, & pleine propriété.

---

(1) Mezeray, *abrégé chronologique, vie de Clovis, tom.* 1, *pag.* 37 ; & *vie de Clotaire II, p.* 115.

(2) *Hiftoire générale du Languedoc, liv.* 7, *n.* 92. Daniel, *Hiftoire de France, vie de Clovis, p.* 7, *in-*4.° & *hiftoire de la milice Fran**çoife, liv.* 1, *chap.* 2.

(3) Boulainvilliers, *Differtation fur la nobleffe de France, pag.* 58, 59, 60. l'Abbé Dubos, *Hiftoire critique de l'établiffement de la Monarchie, liv.* 6, *ch.* 13, Chantereau le Fevre, *de l'origine des fiefs.*

les François étoient en trop petit nombre pour cultiver toutes les terres, & remplir suffisamment les armées. D'ailleurs ils auroient donné à leurs sujets un mécontentement trop universel. Ils se saisirent seulement des domaines des Romains, soit ceux du fisc, soit ceux des particuliers, & ils laissèrent aux naturels du pays leurs possessions héréditaires dans l'état où ils les trouvèrent, en les chargeant néanmoins de certains tributs (1) *& de servitudes* (2)*, dont ces biens furent nommés allodiaux.* Ce sont les propres paroles de cet Auteur, qui ajoute, que comme l'argent étoit fort rare dans les Gaules, ces tributs & servitudes consistèrent en des contributions en denrées, qu'ils les obligèrent de fournir dans les magasins de chaque Province, ou de les livrer aux troupes dans leurs marches, ou aux

---

(1) Pour la preuve que ces tributs se payoient en espèces ou denrées, on peut voir les titres *de annona & tributis*, cod. Theod. lib. 11, *tit*. 1, *& tributa in ipsis speciebus inferri*, *tit*. 2.

(2) Ces servitudes devoient répondre à ce que les Romains appeloient *anguria & parangaria*, dont il est parlé au code Théodosien, *lib*. 8, *tit*. 5, & à celui de Justinien, *lib*. 12, *tit*. 51, car, selon M. l'Abbé Dubos, *Histoire critique de la Monarchie*, t. 3, *pag*. 489, les Rois Mérovingiens qui vouloient se rendre agréables aux Romains, leurs sujets, conservèrent à cet égard l'ancien usage.

Rois dans leurs voyages, & que c'eſt la raiſon des impoſitions de fourrages, de grains, d'apprêts de vivres, & de logemens. Mais il faut remarquer avec (1) *Chantereau le Fevre,* que la redevance que les Gaulois payoient aux Romains, & enſuite aux François, n'eſt pas le fondement des cens & autres rentes foncières & ſeigneuriales, dont l'origine eſt poſtérieure de pluſieurs ſiècles ; mais un tribut payé à cauſe de la ſouveraineté ; car comme l'aſſure le même Auteur, les héritages que poſſédoient les Gaulois leur demeurèrent en propriété héréditaire, comme ils étoient auparavant.

27. Pithou (2), ſur la loi ſalique dit, qu'après la conquête des Gaules, on aſſigna partie des terres au public, ou au Prince, partie aux anciens poſſeſſeurs, & partie aux ſoldats vétérans, en récompenſe de leurs ſervices. *Nam agri ex hoſte capti,* dit cet Auteur, *partim in publico, vel principi, partim veteri poſſeſſori relinquebantur, partim*

-----

(1) Chantereau le Fevre, *de l'origine des fiefs, liv.* 1, *chap.* 7.

(2) Pithou., *ad legem Salicam apud Capitul. Ba-* luſii, *tom.* 2, *pag.* 704, Daviſſonus, *tractat. de ſale terra & lege ſalica, cap.* 4, *pag.* 48.

militibus & veteranis in præmia aſſigna-
bantur ; ce qui fait comprendre que
ces terres étoient diviſées en trois portions, dont l'une étoit adjugée au Prince ou au Public, l'autre aux poſſeſſeurs
anciens, la troiſième aux ſoldats vétérans, & revient au ſentiment de ceux
qui ont cru que les François ne laiſsèrent aux anciens Gaulois que le tiers
de leurs héritages.

28. Selon Chantereau le Fevre (1),
qui, comme nous l'avons dit, a cru
que toutes les terres poſſédées par les
Gaulois, leur demeurèrent en propriété héréditaire, *une partie des biens*
de la ſouveraineté avoit été laiſſée dès
le commencement de l'établiſſement de la
Monarchie Françoiſe, pour l'entretien
du Roi, de ſa maiſon & de ſon Etat
Royal, & le reſte étoit demeuré ſous le
nom de bénéfice, pour donner à une par-
tie des François, afin qu'ils fuſſent du
moins en état de monter à cheval, &
d'expoſer leur vie pour le ſalut de l'Etat.
En quoi, ajoute-t-il, il faut obſerver
que cette nature de biens n'étoit pas régie
en commun par le Roi, ou ſes Officiers,

____

(1) Chantereau le Fevre, *de l'origine des fiefs, liv.* 3.
ch. 3. *pag.* 156.

pour

pour en recevoir le revenu en gros, &
les diſtribuer après aux gens de guerre
en détail, par forme de ſolde ; mais étoit
rompue, & diviſée en une infinité de por-
tions, qui étoient diſtribuées aux Fran-
çois, chacun en particulier, pour les cul-
tiver & faire valoir. Ce ſont ces mêmes
biens que (1) Boulainvilliers dit être
un propre de la nation, & non un domaine de la couronne, ni des fiefs en
relevans.

29. Nous n'avons pas beſoin de concilier ces opinions différentes ſur la
portion qui échut au lot du Roi & de
l'Etat lors du partage, ni de prendre
parti là-deſſus. Nous raiſonnerons ſur
celle des Auteurs qui ont cru que les
biens furent diviſés en trois parties ;
que l'une échut au lot du Roi pour
l'entretien de ſa maiſon & des ſoldats,
auxquels on en fit dans la ſuite la diſ-
tribution à titre de bénéfice ; l'autre
partie fut laiſſée aux anciens peuples,
& la troiſième fut donnée à titre de
propriété aux Capitaines & aux Soldats de l'armée victorieuſe, comme
étant la plus favorable au domaine &

---

(1) Boulainvilliers, *Diſſertation ſur la nobleſſe de*
France, pag. 23.

E

aux droits des Seigneurs. Ce qui nous confirme dans cette opinion, c'eſt que les Viſigots, les Bourguignons, & les autres peuples barbares, qui s'étoient emparés d'une partie des Gaules, avoient dépouillé les anciens habitans des deux tiers de leurs terres, & ne leur en avoient laiſſé que le tiers reſtant, comme le remarque le P. Daniel (1), & qu'il y a apparence que le lot du Roi fut d'une portion égale à celle qui échut à ſes Capitaines, à ſes ſoldats, & à toute la nation Françoiſe. Mais quoi qu'il en ſoit) car le plus ou le moins ne fait pas une différence ſpécifique) il nous ſuffit d'être aſſurés de quelques faits, ſavoir, que Clovis, ou ceux qui avant lui firent la conquête des Gaules, ne chaſsèrent pas les anciens Gaulois, qu'ils ne leur enlevèrent pas tout ce qu'ils poſſédoient, comme l'aſſure le P. Daniel (2), qu'il fut fait un partage des terres, ſur quoi l'hiſtoire nous rend un témoignage inconteſtable, & que les portions quelles qu'elles ſoient, qui furent laiſſées aux peuples vaincus, & qui échurent

---

(1) Daniel, *Hiſtoire de France, vie de Clovis.*   *la milice Françoiſe, liv.* **1,** *chap.* 2.

(2) Daniel, *Hiſtoire de*

aux soldats, n'étoient pas Féodales, pour en conclure que le Roi n'acquit pas par le droit de conquête, la Seigneurie directe univerfelle des terres conquifes.

30. Il n'y a point de doute que la portion qui échut au lot du Roi ne lui appartînt en pleine propriété. Nous trouvons que les fuccefleurs de Clovis en firent don de partie à titre perpétuel, non en bénéfice, mais en pleine propriété, comme le remarque Jérôme Bignon (1). C'eft cette portion que l'on a appelée dans la fuite, domaine de la couronne, que fi une partie de cette portion fut deftinée à l'entretien des armées, c'eft que, comme plufieurs Auteus ci-deffus rapportés l'ont cru, la deftination eut fon effet, ainfi que tous les Hiftoriens & les Auteurs en font demeurés d'accord. Il eft donc inutile d'examiner fi les bénéfices qui furent accordés, procédoient d'une portion deftinée pour cela, ou du domaine du Roi.

31. Nous avons des témoignages (2)

---

(1) Bignon, *fur Marculphe, liv.* 1 *, chap.* 17 *, apud Capitul. Baluzii. t.* 2, *pag.* 898.

(2) Daniel, *Hiftoire de la milice de France, liv.* 1, *chap.* 2, *pag.* 13, Gregorius Turonenfis ; Mezeray ;

certains que les terres qui échurent au lot des soldats, furent par eux possédées en pleine propriété héréditaire, elles n'étoient pas même assujetties aux tributs, suivant l'opinion commune des Historiens, & les soldats ne contribuoient que de leurs personnes, au service de l'Etat, comme le remarquent *Mezeray* & les autres Auteurs. Toutefois il y en a d'autres (1) qui ont soutenu qu'ils étoient sujets aux tributs, ce que nous ne croyons pas véritable, parceque leurs terres étoient de vrais *Alleus*, qui ont toujours été regardés comme nobles ; & avant la réformation de la coutume de Paris, faite en 1510, on ne connoissoit point des Alleus roturiers, comme l'ont fort bien remarqué (2) Bacquet, Brodeau & Taisand : ce qui est fondé en raison ; car les fiefs s'étant formés des Alleus, & étant nobles de leur nature, de l'a-

---

abrégé chronologique, *vie de Clovis*, tom. 1, pag. 37, *Supplément à la dissertation sur la noblesse de France*, verbo, *Alleu*, pag. 2, 3, 4 & pag. 8. Pocquet, *des fiefs*, liv. 1, chap. 2. Bouhainvilliers, *gouvernement ancien*, tom. 1, pag. 45.

(1) l'Abbé Dubos, *Histoire critique de la Monarchie Françoise*, liv. 6, ch. 13.

(2) Bacquet, *des francs fiefs*, chap. 6, num. 10 ; & Taisand, *sur la coutume de Bourgogne*, tit. 3, art. 1 ; not. 52, pag. 153.

veu de tous les Ecrivains, il faut nécef-
fairement que les Alleus fuffent nobles
avant que de devenir fiefs : fans quoi les
fiefs auroient retenu la ruralité des Al-
leus, s'ils avoient été ruraux auparavant ; car le titre de fief n'a pas imprimé un caractère de nobilité aux ter-
res ; tout ce qu'on peut dire eft que
la conceffion n'a pas fait perdre la
nobilité primitive qui appartenoit aux
Alleus réduits en fiefs. On peut voir
dans (1) *Dominicy* plufieurs conftitutions de nos Rois de la feconde race,
pour apprécier la nobilité des Alleus ,
& *Pifardus* qui définit l'Alleu *un héri-*
tage noble , fous la protection du Roi ,
& rapporte un arrêt du 5 Mars 1370,
qui l'a jugé de même.

32. A l'égard des anciens Gaulois ,
ils poffédèrent auffi leurs terres en
pleine propriété comme auparavant ;
c'eft-à-dire , en Alleu, fans reconnoître
aucun autre Seigneur foncier qu'eux-
mêmes , comme le difent (2) *Chante-*
reau le Fevre , Boulainvilliers , & les

---

(1) Dominicy, *de Prærog.* Brodeau , *fur M. Louet ,*
Allod, cap. 22 , *num.* 4 , *let. C. fom.* 21 , *num.* 15.
5 , 6. Pifardus , *fur la*   (2) Chantereau le Fevre,
quæft. 112 *de* Guy Pape. *liv.* 1 , *chap.* 7 , *liv.* 3 ,

autres Auteurs. On ne peut pas douter
que les terres possédées par les François & les Gaulois, ne fussent de vrais
Alleus, si l'on fait attention à une
remarque du savant *Jérôme Bignon* (1),
lequel expliquant ces paroles de Marculphe (qui vivoit du temps du Roi
Dagobert), *aut super proprietate, aut
super fisco*, dit : *His verbis duæ notantur
bonorum species, & maxima rerum di-
visio, quæ eo sæculo recepta erat, quod
ex cap. 33, colligi potest. Omnia nam-
que prædia aut propria erant, aut fiscalia : propria seu proprietates dicebantur
quæ nullius juri obnoxia erant, sed optimo maximo jure possidebantur, ideòque
ad heredes transibant : fiscalia verò,
beneficia, sive fisci vocabantur, quæ à
rege ut plurimùm, posteaque ab aliis ita
concedebantur, ut certis legibus servi-
tiisque obnoxia cum vitâ accipientium
finirentur.*

33. *Chantereau le Fevre* (2) fait la
même observation, & soutient qu'en

---

ib. 3. Boulainvilliers, *Dissertation sur la noblesse de
France*, pag. 58, 59, 60,
*Supplément à cette Disser-
tation*, pag. 2, 3, 4, 5
& 2. Pocquet, *ibid.*

(1) Bignon, *sur Marcul-
phe, lib.* 1, *cap.* 2, *apud Capitul. Balusii*, t. 2, p. 875.
(2) Chantereau le Fevre,
liv. 3, *chap.* 3, *pag.* 156.

France on n'avoit que deux sortes de biens immeubles ; ceux de la souveraineté qui est le fisc, ou le domaine du Roi , & ceux qui étoient appelés *Alleus* (1) c'est-à-dire , les héritages possédés par les peuples à titre de propriété héréditaire , qui pouvoient être donnés, vendus, engagés, & aliénés ; ce qui prouve qu'il y avoit des Alleus en France long-temps après le partage des Gaules, & cette preuve est d'autant plus incontestable que la loi Salique, (qui, de l'avis de plusieurs Historiens, a été faite, ou du moins amplifiée long-temps après l'établissement de la Monarchie Françoise), les formules de Marculphe, les Capitulaires de nos Rois & les Ecrivains, font mention des Alleus, & des terres héréditaires possédées par les particuliers , plusieurs siècles après le partage des Gaules. Ainsi la Seigneurie féodale universelle, qui n'est pas un droit de la Royauté, selon sa première institution, comme nous l'avons prouvé en exa-

---

(1) Tous les héritages qui ne venoient pas du domaine de la couronne étoient des Alleus. *V. Supplément à la dissertation sur la noblesse de France ,* verb. *Alleu* & verb. *biens allodiaux.*

minant la première source, n'est pas
non plus un droit acquis au Roi par
la conquête, & en vertu du partage
des terres conquises sur les anciens
Gaulois.

CHAPITRE IV.

Examen de l'opinion de Loiseau & de Galland, sur l'origine de la Seigneurie Féodale Universelle.

34. Ce que nous avons observé ci-dessus, fait voir clairement combien l'Auteur (1) du traité du Franc-Alleu s'est abusé, lorsqu'il a dit *que le Roi étant Seigneur universel de toutes les terres qui sont dans son Royaume, elles doivent être présumées procéder de ses prédécesseurs, & soumises à ses droits, sinon en tant que la dispense sera justifiée au contraire.* Car comment pouvoir former une telle présomption, tandis qu'il paroît que lors du partage qui fut fait des terres conquises, le Roi n'en eut qu'une portion, qu'on ne peut porter au-delà du tiers, en suivant même l'opinion qui lui est la plus favorable, les autres deux tiers étant demeurés aux anciens habitans, ou ayant été assignés aux soldats en pleine propriété, que S. Ju-

Reponse aux fondemens de Galland & de Loiseau.

---

(1) Galland, *du Franc-Alleu, chap.* 7 *, pag.* 99.

lien (1), Auteur très-versé dans la connoissance de l'antiquité , assure qu'il
y avoit des Ducs , des Comtes , & autres Seigneurs , qui possédoient leurs
biens en Franc-Alleu , & que l'on ne
trouve dans les histoires aucun événement qui ait pu attribuer au Roi la Seigneurie féodale de tous les biens qui
sont dans l'étendue de son Royaume,
puisqu'il faudroit pour cela qu'il les
eût tous acquis , comme Pharaon ,
Roi d'Egypte , acquit ceux de son
Royaume, & qu'ensuite il les eût baillés en fief. Ce seroit un événement
trop remarquable, pour que les Historiens eussent manqué de le rapporter.
Tant s'en faut que le Roi ait acquis
depuis l'établissement de la Monarchie,
& le partage général des terres, celles
qui étoient échues au lot des particuliers; qu'on voit (2) au contraire, que
les particuliers usurpèrent sur le déclin de la seconde race de nos Rois,

*Voyez in-
fra , n. 52,
53.*

---

(1) S. Julien , *mélanges
historiales des fiefs , ch.* ζ.
pag. 694.
   (2) Du Haillan , *en la
vie de Hugues Capet.* Mezeray , *abrégé Chronologique ,
vie du même , t.* 2 , *p.* 460.

Boulainvilliers, *histoire de
l'ancien gouvernement ,
tom.* 1 , *pag.* 97. Daniel ,
*Histoire de France , & his-
toire de la milice Françoise , liv.* 3 , *chap.* 1.

presque tous les domaines de la couronne.

35. Il est vrai que le Roi est Seigneur souverain dans toute l'étendue de son Royaume, quant à la jurisdiction & à la puissance, qui sont des droits unis à la Monarchie, & qui en dépendent inséparablement ; mais la Seigneurie féodale n'est pas un droit de souveraineté, elle dérive d'une autre source ; c'est-à-dire, de la convention & de la tradition des terres à titre de fiefs, pour lesquelles il faut nécessairement, que celui qui en fait la concession, ait la propriété ; parceque le fief qui réserve au Seigneur le domaine direct, & transfère l'utile, ne peut opérer cet effet, que quand celui qui en fait la concession est plein propriétaire. Ce seroit donc un paradoxe de prétendre que le Roi qui n'a jamais eu la propriété de la plus grande partie des terres de son Royaume, ait pu retenir le domaine direct, & transporter l'utile qu'il n'avoit pas ; & tout ce que l'on peut faire de plus favorable, c'est d'admettre cette présomption pour toutes les terres qui paroissent avoir fait partie du domaine du Roi ou de la Couronne, s'il n'est pas justifié qu'elles

sont parvenues au possesseur à titre de pleine propriété.

36. Du reste, c'est sur une raison dont l'application manque de justesse, que l'Auteur (1) du Franc-Alleu fonde la présomption du domaine direct universel en faveur du Roi. Il dit que les Auteurs qui ont traité la question sont tombés d'accord que le Seigneur particulier beaucoup au-dessous de la grandeur & de la dignité du Roi, ayant un territoire limité, est réputé Seigneur direct, si l'allodialité n'est vérifiée. Il est vrai que tout Seigneur fondé en titre sur un territoire limité, est présumé Seigneur direct de toutes les parties de ce territoire, si l'allodialité n'est justifiée par des titres (2) : mais tant s'en faut que le Roi ait un semblable titre pour toute l'étendue de son Royaume, quant à la Seigneurie féodale, qu'il est justifié au contraire, qu'il n'a jamais été propriétaire de la plus grande partie des terres de son Royaume; qu'ainsi il est impossible qu'il ait baillé à titre de fief celles qui ne

---

(1) Galand, *ibid. p.* 100. *Seigneurie, num.* 1. Cambolas, *liv.* 4, *chap.* 45, Chopin, &c.
(2) Argentré, *sur la coutume de Bretagne, art.* 277. *verb. entre les metes de sa*

lui appartenoient pas. La comparaifon manque donc dans fon fondement, parceque le Roi n'eft pas fondé en titre, & que la préfomption qu'on allègue en fa faveur, eft détruite par une preuve contraire. Que fi ce que *Galand* dit étoit vrai, on ne verroit pas dans le Royaume autant de terres poffédées en Franc-Alleu, qu'il y en a.

37. C'eft fur un autre fyftême, qui aboutit à la même fin que *Loifeau* (1) a prétendu que la Seigneurie féodale univerfelle avoit été acquife au Roi dans l'établiffement de la Monarchie. Il dit que quand les François conquirent les Gaules, ils fe firent Seigneurs des perfonnes des Gaulois qui devinrent ferfs, tels à-peu-près que ceux que les Romains appeloient *adfcriptitios feu addictos gleba*; c'eft-à-dire, ferfs de fuite, gens de main-morte, ou de pôte & demi-ferfs. Quant aux terres, les François victorieux les confifquèrent toutes, & attribuèrent à l'Etat la Seigneurie publique & la privée, hors celles qu'ils retinrent au domaine du Prince; ils diftribuèrent toutes

---

(1) Loifeau, *des Seigneuries*, *chap.* 1, *num.* 54, 55 *& fuiv.*

les autres par climats ou territoires, aux principaux chefs & Capitaines de leur nation, *non jure optimo*, mais en fief, à la charge d'affifter le Prince fouverain en guerre, donnant à tel une province à titre de Duché, à tel un autre pays de frontière à titre de Marquifat, à un autre, une ville avec fon territoire à titre de Comté, à d'autres des Châteaux ou Villages à titre de Chatellainie, Baronie, ou fimple Seigneurie, felon le mérite d'un chacun, & le nombre des foldats qu'il avoit fous lui, en retenant un droit fur la Seigneurie privée, qui n'avoit point été connu par les Romains, droit que nous avons appelé Seigneurie directe.

38. Mais ce fyftême, dont l'invention eft fort ingénieufe, ne s'accorde pas avec la vérité que l'hiftoire nous apprend ; il a été imaginé en partie fur des établiffemens déja faits, & poftérieurs de plufieurs fiècles à la fondation de la Monarchie, en rapportant à cet ancien temps ce qui a été introduit infenfiblement après l'inftitution des fiefs, qui ne précèdent pas le fiècle de Hugues Capet, ou tout au plus le règne de Charlemagne, comme

nous l'avons prouvé. Pour réfuter le
sentiment particulier de *Loiseau*, qui
n'est fondé sur aucune autorité, nous
n'avons pas besoin de suivre en détail les faits par lui avancés. Il suppose que les François se firent Seigneurs des personnes des Gaulois, ce
qui n'est point vrai. Les Francs ne firent point de nouveaux esclaves dans
les Gaules ; & s'ils eurent des esclaves, ce ne fut que parcequ'ils prirent
une partie des biens & des esclaves
des Romains & des Gaulois. Les mœurs
des Francs, & la politique de Clovis
qui se présentoit comme un libérateur
des Gaulois de l'oppression des Romains, ce qui engagea les Gaulois à
se soumettre volontairement à sa domination, sont des preuves indubita-
bles que les Francs laissèrent aux Gaulois la liberté dont ils jouissoient tandis
qu'ils étoient sous la domination des
Romains. On peut voir sur ce point
ce qui a été remarqué par le judicieux
Auteur du *nouvel abrégé chronologi-*
que de l'histoire de France, *pag.* 748
& suiv. par rapport aux biens : nous
avons suffisamment établi la fausseté
du système de Loiseau, lorsque nous
avons prouvé par le témoignage des

Hiſtoriens, de quelle manière le partage des terres conquiſes fut fait, & que celles qui furent laiſſées aux anciens Gaulois, de même que celles qui furent adjugées aux François, leur demeurèrent en pleine propriété, ſauf que les Gaulois furent aſſujettis aux tributs, dont les François furent exempts, ſelon l'opinion commune des Hiſtoriens. Ce qui renverſe totalement le ſyſtême de *Loiſeau* touchant la conceſſion des terres en fief à titre de Duché, Marquiſat, Comté, Chatellainie, Baronie, & autres Seigneuries. D'autant mieux que ſelon la remarque du P. Daniel (1), tous ces titres étoient inconnus en France durant le règne de Clovis, ſous lequel le partage fut fait. Du moins il eſt inconteſtable qu'on n'en connoiſſoit pas la plus grande partie.

39. Nous pouvons ajouter que, ſelon l'idée de *Loiſeau*, toutes les terres des Gaules doivent avoir été diſtribuées à titre de fief d'abord après la conquête ; enſorte qu'il ne pouvoit pas y avoir des terres allodiales. Cependant une infinité de monumens anciens, &

______

(1) Daniel, *Hiſtoire de la milice Françoiſe*, *liv.* 1, *chap.* 2 *, pag.* 16.

qui

qui font poſtérieurs à la conquête &
au partage des Gaules, font mention
des Alleus, des propriétés, & des terres héréditaires, qui ne relevoient de
perſonne, quant à la Seigneurie. La
loi Salique, qui, au témoignage du P.
Daniel (1), a été faite par Clovis, ou
ſelon d'autres (2), par les enfans de
Clovis, a un titre exprès *de alode*, qui
eſt le ſoixante-deuxième où la forme
de ſuccéder à ces Alleus, ou biens
propres & héréditaires, eſt réglée. Les
formules de Marculphe, & des autres
Ecrivains anciens, qui font néanmoins
poſtérieurs au partage des terres, en
font auſſi mention. Les paſſages en
font rapportés par *Jérôme Bignon* (3).
Il eſt donc inconteſtable qu'après la
conquête & le partage des Gaules, il
il y avoit des Alleus, & par conſéquent, il eſt faux que toutes les terres
euſſent été diſtribuées à titre de fief,
comme *Loiſeau* le prétend.

40. Il eſt même remarquable, que
dans les temps qui ont précédé l'éta-

---

(1) Daniel, *Hiſtoire de
la milice Françoiſe.*
(2) L'Abbé Dubos, *Hiſ-
toire critique de l'établiſſement de la Monarchie,*
liv. 6, *chap.* 2.
(3) Bignon, *ſur Mar-
culphe, liv.* 1, *chap.* 12,
apud Capitul. Baluſii, tom.
2, *pag.* 895.

F

blifſement des fiefs, les bénéfices qui étoient les biens que *Loiſeau* a pris pour des fiefs, n'étoient pas hérédi-taires ; les poſſeſſeurs ne les avoient que pour un temps, ou tout au plus pour en jouir pendant leur vie, comme nous l'avons prouvé : ils ne pouvoient ni les aliéner, ni en diſpoſer, ni les tranſmettre à leurs héritiers. Cependant on voit que dans ces temps les poſſeſſeurs des biens pouvoient les aliéner, vendre, échanger, engager, donner, & laiſſer à leurs héritiers ; cela paroît par les monumens, & les Auteurs anciens. Pour la preuve on n'a qu'à voir Marculphe, *lib.* 1, *cap.* 33, l'appendice, *cap.* 52, 54. Les formules anciennes dont le P. Sirmond a procuré l'édition, *cap.* 4, 5, 6, 7, 8, & pluſieurs autres endroits. Il falloit donc qu'il y eût d'autres biens que ceux qui étoient poſſédés à titre de *bénéfice*, c'eſt-à-dire, qu'il y eut des Alleus, dont les poſſeſ-ſeurs étoient pleins propriétaires, puiſ-qu'ils en diſpoſoient librement ; ce qui détruit l'opinion de *Loiſeau*.

Suite de la réfutation du ſyſtême de Loiſeau, & ſi les an- 41. Il ne nous reſte donc qu'à faire voir, que les anciens Gaulois ne furent ni ſerfs, ni demi-ſerfs, ni gens de ſuite ou de pôte, & que la conquête ne

donna d'autre atteinte à la liberté per- ciens Gaulois furent faits ferfs, ou demi-ferfs, par la conquête des Gaules.
fonnelle des Gaulois, que de les faire
changer de domination, & des les affujettir à la fouveraineté des François,
au lieu qu'ils étoient fous celle des
Romains, ce qui achevera de ruiner
les fondemens du faux fyftême de Loifeau.

42. Il eft vrai que les François, après
la conquête des Gaules, n'admirent
pas d'abord les Gaulois dans leurs armées, comme le remarquent le Pere
Daniel (1) & Boulainvilliers : ce qui
peut avoir induit ce dernier Auteur (2),
de même que Loifeau, à croire qu'ils
avoient été affujettis à une efpèce de
fervitude ; mais ce ne fut que par un
effet de leur politique, parceque félon
l'obfervation du même Boulainvilliers,
il auroit été dangereux de leur mettre
les armes à la main, & qu'il conve-
noit de ne pas leur donner occafion
de fe révolter. Auffi cela fut-il changé
fous le règne de Clotaire, fils de Clovis, dès que les Gaulois fe furent mê-
lés par des alliances avec les François,

---

(1) Daniel, *Hiftoire de la milice Françoife, liv.* 1, ch. 2. Boulainvilliers, *Hiftoire de l'ancien gouver-* nement, *pag.* 46.
(2) *Differtation fur la nobleffe de France,* p. 38. Loifeau, *ibid.*

& que le motif de l'exclusion cessa,
comme nous le dirons bientôt.

43. Aucun Historien ne dit que la
liberté eût été ôtée aux Gaulois. Nous
avons au contraire des preuves positi-
ves, comme ils la conservèrent dans
le même état où ils étoient sous la domination des Romains, soit par le
témoignage précis des (1) Auteurs,
qui assurent que les François, en éta-
blissant leur Monarchie dans les Gaules, laissèrent les choses comme ils les
trouvèrent, chaque province conserva
ses Officiers, ses libertés & ses coutumes, soit par les faits qui sont rapportés dans les histoires, & par les Capitulaires, qui supposent l'ingénuité ou
la liberté des Gaulois, sur-tout le partage auquel les Gaulois furent admis,
comme nous l'avons prouvé ; car il
n'est pas possible de se figurer, que si
les François eussent ôté la liberté aux
Gaulois, ils ne leur eussent en même-
temps ôté tous leurs biens ; aussi Loi-

---

(1) L'Abbé Dubos, *His-
toire critique de l'établissement de la Monarchie Françoise, liv.* 6, *chap.* 8. Re-
nusson, *traité des propres,
chap.* 5, *sect.* 4, *num.* 8.
Froland, *Mémoires tou-
chant le Senatus-consulte
Velleïen, part.* 1, *ch.* 4,
num. 5, 6, *pag.* 40, 41.
*Nouvel abrégé chronologi-
que de l'histoire de France,
pag.* 728, 729.

feau suppose-t-il la perte de la liberté, comme devant servir de fondement à la perte des biens des Gaulois. D'ailleurs le P. *Daniel* remarque, (1) que *depuis le partage, les Romains ayant été dans la suite entièrement exclus des Gaules, les François & les Gaulois ne firent plus ensemble qu'un Etat, & les uns & les autres devoient contribuer à le défendre.* Preuve certaine de l'ingénuité des Gaulois après la conquête.

44. La loi Salique (2), qui, comme nous l'avons dit, est postérieure à la conquête des Gaules, en fournit une preuve encore plus positive & plus certaine, au *titre* 43, *de homicidiis ingenuorum*, où il est parlé du meurtre de trois sortes de Gaulois, appelés Romains, parcequ'ils vivoient sous la loi Romaine, comme nous le dirons ailleurs, c'est-à-dire, des convives du Roi, des possesseurs des terres propres ou allodiales, & des possesseurs des terres tributaires. Ils étoient tous libres ou ingénus, comme le porte le titre, & la peine du meurtrier est fixée, comme

---

(1) Daniel, *Histoire de la milice Françoise, liv.* 1, *ch.* 2. *Voyez* Froland, *ibid.*
(2) *Lex Salica, tit.* 43,

cap. 6, 7 *&* 8, *apud Capitul. Balusii, tom.* 1, *pag.* 309, 310.

s'agiſſant de l'homicide des hommes ingénus. Nous pouvons de plus ajouter les autres autorités qui ſont rapportées par M. l'Abbé Dubos (1), qui prouvent non-ſeulement que les Gaulois avoient conſervé leur liberté, mais encore qu'ils parvenoient aux emplois les plus importans de la Monarchie.

45. Ce qui peut encore avoir induit *Loiſeau & Boulainvilliers* à croire que les Gaulois avoient été aſſujettis à une eſpèce de ſervitude, c'eſt que ces Auteurs avoient vu des veſtiges de cette ſervitude, dans les gens de ſuite, de pôte, ou de main-morte, dont pluſieurs coutumes parlent : mais cet argument ne conclud rien contre l'ingénuité des Gaulois après la conquête ; car il faut ſavoir que les Romains & les Gaulois poſſédoient dans les Gaules, des terres où ils tenoient des eſclaves pour les cultiver (2). Ces eſclaves étoient appelés *cenſiti ſeu adſcriptitii*, ou *coloni ſeu glebæ addiĉli*, comme le remarque *Loiſeau*. Lors donc, que les

---

(1) L'Abbé Dubos, *Hiſtoire de l'établiſſement de la Monarchie Françoiſe*, *liv.* 6, *chap.* 10.

(2) Coquille, *ſur la* coutume de Nivernois, *titre des ſervitudes perſonnelles.* Loiſeau, *des Seigneuries*, *chap.* 1, *num.* 55.

François firent le partage des terres des Gaules, ils prirent celles des Romains, comme l'ont pensé certains Auteurs dont nous avons parlé, & les deux tiers de celles des Gaulois, & y trouvant ces esclaves, ils s'en attribuèrent la propriété, laissant aux Gaulois le tiers de ces terres, avec les esclaves qui y étoient, comme auparavant (1). C'est à ces esclaves qui demeurèrent aux Gaulois, ou qui passèrent en la propriété des François, & qui reçurent dans la suite un affranchissement imparfait, avec réservation de certaines corvées, & du droit de succession, comme le remarque Bodin (2), qu'on doit rapporter l'origine des mains-mortes (3), & des gens de suite ou de pôte, dont les coutumes & les anciens monumens font mention, & non aux Gaulois, qui conservèrent leur ingénuité avec une portion de leurs biens en pleine propriété. On peut voir dans les Auteurs coutu-

---

(1) *Voyez* Coquille, *sur la coutume de Nivernois,* chap. 8. Auroux des Pommiers, *sur celle de Bourbonnois, tit.* 18. Dunod, *traité de la main-morte,* chap. 1, *& traité des prescriptions, part.* 3, *ch.* 10.

(2) Bodin, *de la République, liv.* 1, *chap.* 5.

(3) Dunod, *ibid.*

miers (1), plufieurs autres caufes qui ont donné lieu à l'origine des mains-mortes.

46. On ne peut point douter de cette vérité, fi l'on fait attention à ce que Fauchet (2) dit après Procope, *que les Gentilshommes Romains, que l'on appeloit Sénateurs, & autres Gaulois, trouvèrent les François tant courtois, que fans être contraints de changer d'habillemens, loix ou police, ils les fouffrirent vivre en leurs biens, & les employèrent aux offices, tant de Judicature que de Guerre.* Ce qui eft bien clairement incompatible avec la prétendue fervitude imaginée par *Loifeau.* Que fi les Gaulois avoient été des ferfs *adfcripti glebæ,* les François auffi jaloux de leur honneur, que de leur liberté, n'auroient eu garde de mêler ces efclaves parmi leurs troupes, en les admettant au fervice dans leurs armées; car c'étoit une police reçue des Romains, & de toutes les nations, de ne pas permettre que les efclaves portaffent les armes, comme il paroît par la

---

(1) *Voyez* Coquille, *fur la coutume de Nivernois, tit. des fervitudes perfonnelles.* Chaffanée & Tai- *fand, fur celle de Bourgogne.* Dunod, *dictis locis.*
(2) Fauchet, *antiquités Françoifes, liv. 2, ch. 16.*

loi

loi 11 , *ff. de re militari,* & que *Bodin* (1) nous l'apprend. Ils se seroïent encore bien mieux gardés de contracter des alliances avec eux, soit en prenant leurs filles, ou en donnant en mariage aux Gaulois, des filles Françoises ; cependant il est certain que l'un & l'autre se pratiqua sous le règne de Clotaire I, successeur immédiat du Roi Clovis son père, comme le témoigne le Père *Daniel* (2) après Grégoire de Tours & les autres Historiens ; & cet Auteur remarque, que *les Gaulois étoient reçus dans les troupes aussi-bien que les François & les autres nations soumises à l'Empire François ; que les François & les Gaulois s'étoient alliés ensemble par les mariages, & qu'ils ne se regardoient plus comme des vaincus & des vainqueurs, mais comme un même peuple réuni sous un même Souverain.*

47. Bien plus, ajoute le même (3) Auteur, *nous voyons par Grégoire de Tours, que dès-lors les Seigneurs Gaulois commandoient les armées Françoi-*

---

(1) Bodin , *de la République., liv.* 1 , *chap.* 5.
(2) Daniel, *Histoire de la milice Françoise, liv.* 1, *chap.* 2 , *pag.* 11. *Voyez*

l'Abbé Dubos , *Histoire critique de l'établissement de la Monarchie Françoise , liv.* 6 , *chap.* 10.
(3) Daniel, *ibid* p. 12,

ses, on reconnoiſſoit ces Seigneurs à leurs noms, qui ne ſont pas des noms François, &c.* Se pourroit-il donc qu'on eût confié le commandement des armées à des eſclaves attachés aux fonds pour les cultiver ? C'eſt ce qui choque la raiſon.

48. Nous voyons encore par une conſtitution de Clotaire I, de l'an 560 (1), que les Gaulois qui étoient appelés Romains (2), (& qui étoient en effet citoyens Romains depuis la conſtitution de l'Empereur Antonin, mentionnée dans la loi 17, *ff. de ſtatu hominum,* qui avoit accordé cet avantage à tous les ſujets de l'Empire Romain qui étoient ingénus ou libres), avoient été conſervés dans l'uſage de la loi Romaine, *inter Romanos negotia cauſarum Romanis legibus præcipimus terminari.* Ce qui eſt une preuve certaine de leur liberté, & de leur ingénuité, parceque les eſclaves n'ayant aucune participation au droit civil, & étant regardés comme morts civilement, *liv. 209, ff. de reg. juris,* il n'eſt

---

(1) *Capitul. Baluſii,* tom. 1, pag. 7.

(2) Paſquier, *Recherches,* liv. 8, chap. 1, de l'édition de 1643. Jourdan, *Hiſtoire de France, liv. 21, tom. 3,* pag. 97.

pas poffible de fe figurer , qu'on eût laiffé aux Gaulois , l'ufage de leurs loix, fi on leur avoit ôté la liberté, & qu'on les eût réduits en fervitude.

49. Nous trouvons une raifon non moins décifive de l'ingénuité des Gaulois , dans leur origine , & dans la manière dont les Auteurs rapportent que la conquête des Gaules a été faite. Les Gaulois étoient venus de la Germanie, comme l'affure *Mezeray* (1), & les Francs avoient auffi la même origine, c'eft ce qui a fait dire à *Chantereau le Fevre* (2) que les Francs & les Gaulois étoient frères, comme venus de la même patrie. Le même Auteur obferve que la Gaule peut être confidérée comme un pays de conquête , & comme ayant été perpétuellement poffédée par fes naturels habitans. Comme pays de conquête, par rapport aux Romains qui en furent chaffés, & dépouillés de leurs biens, Comme pays poffédé par fes habitans naturels, en ce que les François laiffèrent aux Gaulois les terres dont ils

---

(1) Mezeray , *Hiftoire de France avant Clovis* , liv. 1, *num.* 1.

(2) Chantereau le Fevre; *de l'origine des fiefs, ch.* 7, liv. 1.

étoient en poffeſſion dans le même état où elles étoient de toute ancienneté, lorſque les François paſſèrent le Rhin, ſoit pour trouver de nouvelles habitations, ſoit pour délivrer les Gaulois leurs frères de l'aſſujettiſſement aux Romains, qui avoient du temps de Jules-Céſar, réduit la Gaule en forme de province (1), ils trouvèrent ſi peu de réſiſtance de la part des Gaulois, dont une partie s'étoit jointe à eux, qu'il y a lieu de croire, dit le même Auteur, que cette entrepriſe n'avoit pas été faite ſans leur participation. Quelle apparence y a-t-il donc que les François euſſent aſſujetti à la ſervitude, des peuples originaires du même pays qu'eux, qui étoient pour ainſi dire leurs frères, & qui ayant concouru avec les François à la conquête des Gaules, bien loin de mériter une peine telle que la perte de la libérté, étoient dignes d'une récompenſe. Auſſi pluſieurs Auteurs, & entr'autres (2), *Chantereau le Fevre* & *Boulainvilliers*, ont-ils-prétendu que les François ne

---

(1) *Voyez* l'Abbé Dubos, *Hiſtoire critique de l'établiſſement de la Monarchie Françoiſe*, liv. 6, chap. 8.

(2) Chantereau le Fevre, ibid. Boulainvilliers, *Diſſertation ſur la nobleſſe de France*, pag. 58, 59, 60,

s'emparèrent que des terres qui étoient possédées par les Romains qu'ils chassèrent, ou qu'ils laissèrent même dans les Gaules en possession de leurs biens, selon le nouveau système de (1) M. l'Abbé Dubos, qui prétend que ce fut, non par voie de conquête que Clovis s'empara des Gaules, mais comme Officier de l'Empire Romain, & qu'il ne s'appropria que ce qui étoit du domaine des Empereurs ; après quoi il est facile de s'apercevoir que le système de *Loiseau* touchant l'origine des fiefs, & l'établissement de la féodalité universelle, n'est pas mieux fondé que la prétention de *Galand*, ennemi irréconciliable du Franc-Alleu naturel.

50. On dira peut-être que les bénéfices & les fiefs ne font qu'une même chose, sous deux noms différens, que les terres concedées conservèrent le nom de bénéfice, tandis qu'elles ne furent possédées qu'à vie, & qu'elles furent appelées fiefs, lorsque l'hérédité en fut établie : que s'il en étoit autrement, d'où vient que le Roi a été considéré comme Seigneur Féodal du Duché de Guienne, du Comté de

(1) L'Abbé Dubos, *Histoire critique de l'établisse-* *ment de la Monarchie Fran- çoise.*

G 3

Toulouſe, & des autres Provinces, tandis que les Ducs & les Comtes les poſſédoient en propriété héréditaire ? car les Hiſtoriens nous apprennent que les Ducs & les Comtes reconnurent le Roi comme Seigneur, & lui prêtèrent la foi & l'hommage comme vaſſaux de la couronne.

51. Mais il eſt facile de répondre à ces objections ; premièrement, les fiefs n'ont pas ſuccédé aux bénéfices pour être ſimplement devenus héréditaires, & pour avoir par-là changé de nom. Les bénéfices ont toujours été d'une nature différente des fiefs, comme le prouve fort bien (1) *Chantereau le Fevre.* Nous avons obſervé après pluſieurs Auteurs, que les fiefs avoient cauſé la deſtruction des bénéfices, en ce que ceux qui les poſſédoient s'en étant attribué la propriété, cela fit perdre aux bénéfices, qui n'étoient qu'à temps ou à vie, leur véritable nature, & même leur nom ; qu'enſuite les uſurpateurs baillèrent ces terres par une nouvelle eſpèce de conceſſion, c'eſt-à-dire, à titre de fief, qui transféroit une propriété héréditaire en réſervant

____

(1) Chantereau le Fevre, *de l'origine des fiefs, liv.* 1, *chap.* 3.

au Seigneur le domaine direct, la foi,
l'hommage, & les autres droits féodaux : à quoi ils furent induits, non-
seulement pour avoir un secours assu-
ré, afin de se maintenir dans les usurpations qu'ils avoient faites, comme
les Auteurs l'ont pensé ; mais encore
à notre avis, afin qu'une concession
sous le même titre de bénéfice ne re-
nouvelât pas tous les jours l'idée des
usurpations des Seigneurs. Mais à la
place des bénéfices, ils substituèrent
les fiefs, qui, quoique d'une nature différente, & même opposée, ne lais-
soient pas de leur produire de plus
grands avantages, sans laisser des traces de leurs usurpations ; parceque les
fiefs attachoient les vassaux à leurs Seigneurs d'une manière plus intime que
n'avoient fait les bénéfices, à cause
de l'assurance que les vassaux avoient
de transmettre les fiefs à leur postérité,
ce qui les rendoit encore plus soumis,
& plus exacts à obéir à leurs Seigneurs
Féodaux.

52. En second lieu (1), lorsque les *Voyez sup.*
num. 34.

---

(1) Autserre, *de Duci-*
bus & Comit. provinc, liv.
1, *cap.* 5 ; du Haillan, *vie*
de Hugues Capet, pag. 329,
330. Dupleix, *en la vie du*
même, *tom.* 2, *pag.* 10.
Loiseau, *des Seigneuries,*
chap. 5, *num.* 37, 38 *&*
seq. Belleforêt, *vie de Hu-*
gues Capet, liv. 3, *ch.* 2.

Ducs, les Comtes, & les autres grands Seigneurs eurent ufurpé les terres qu'ils n'avoient qu'à titre de gouvernement, ils fe firent confirmer dans la propriété par *Hugues Capet*, quand il fut parvenu à la couronne, avec néanmoins cet adouciffement, que ces Seigneurs tiendroient du Roi leurs terres fous la foi, l'hommage, les fervices, & autres chofes, qui font une fuite du droit féodal, comme l'a fort bien remarqué le P. *Daniel* (1), qui obferve encore, que le droit féodal fut proprement établi en ce temps-là.

Voyez fup. tom. 34.

53. Il eft vrai que Mezeray (2) a révoqué en doute la confirmation faite par *Hugues Capet*, en faveur des Seigneurs. Mais plufieurs autres (3) en

---

(1) Daniel, *Hiftoire de la milice Françoife, liv. 3, chap. 1.*

(2) Mezeray, *abrégé chronologique, vie de Hugues Capet, tom. 2, pag. 460.*

(3) Du Haillan, Dupleix, Belleforêt, Auteferre, *ibid.* Jean de Serres, *vie de Hugues Capet, pag. 89 de l'édition de 1618.* Ce dernier Hiftorien dit en propres termes, *la condition fut de leur laiffer, (aux grands) en héritage, tout ce qu'ils avoient de la couronne en titre d'office, à la charge qu'ils la reconnuffent, & lui pour Roi legitime ; ainfi fut fait l'accord des Seigneurs de France avec Hugues Capet.* Cependant la nouvelle hiftoire générale de Languedoc, *tom. 2, liv. 12, num. 57, pag. 88*, remarque que la puiffance des premiers Rois de la troifième race ne fut prefque point reconnue dans

affurent la vérité, & toute la fuite de l'hiftoire la fuppofe (1) ; cependant il faut prendre garde que les Seigneurs n'ufurpèrent pas les biens poffédés par les particuliers. Au contraire, ayant un intérêt fenfible à les ménager, ils leur firent part, à titre de fief, des biens ufurpés, afin que par leur fecours ils puffent fe maintenir dans leur ufurpation, comme nous l'avons dit.

54. Ils ufurpèrent feulement (2) les droits régaliens, & les domaines du Prince ou de la couronne, qui confiftoient, comme nous l'apprenons des Hiftoriens, entr'autres chofes, 1.º aux tributs que les peuples payoient au Roi à raifon de fa fouveraineté, 2.º en la juftice, 3.º aux terres que le Roi poffédoit en propre, 4.º aux bé-

---

la province de Languedoc, jufqu'au règne de Louis le Jeune. Sainte-Marthe, *Hiftoire généalogique de la maifon de France, tom. 1, vie de Hugues Capet, pag. 438*, dit que le Roi ne fe réferva que l'hommage.

(1) Les Provinces & les grandes Seigneuries diftraites & démembrées de la couronne, y ont été réunies dans la fuite des temps, au moyen des alliances par mariage, & en diverfes autres occurrences. Sainte Marthe, *Hiftoire généalogique de la maifon de France, liv. 12, en la vie de Hugues Capet, p. 438, tom. 1.*

(2) Auteferre, *de Ducibus & Comit. provincialibus*, qui fait une énumération exacte des droits ufurpés par les Ducs & les Comtes.

néfices. Nous n'y comprenons pas les droits de péage, & de battre monnoie, parceque l'ufurpation en eft poftérieure. Ainfi on ne peut pas dire que ces ufurpations aient établi la Seigneurie féodale univerfelle. Ce qui eft fi vrai, que depuis l'époque des ufurpations, il eft fait mention des Alleus dans les monumens anciens : delà vient que quand les Duchés, Comtés, & autres grandes Seigneuries ont été réunies à la couronne, le Roi ne peut avoir acquis d'autre droit, que celui qui appartenoit aux Seigneurs, lefquels n'en avoient aucun fur les biens propres des particuliers.

___

CHAPITRE V.

Examen de la troisième Source.

Si la Seigneurie Féodale Universelle étoit établie en France, lorsqu'elle étoit possédée par les Romains, & par les Visigots, pour la partie dont ils étoient les maîtres, & notamment pour la Guienne.

55. LE Franc - Alleu n'étant autre chose que la liberté naturelle & primitive, de posséder les terres franches de tous droits, & devoirs féodaux & seigneuriaux, avec pleine propriété, sans relever de personne (1), pour savoir si les terres situées dans le Royaume, & notamment en Guienne, ont perdu cette liberté originaire, il con-

___

(1) *Voyez* l'article 102 de la coutume de Normandie, *Benedicti verb. & uxorem, decis.* 2. Dumoulin, *sur la coutume de Paris,* §. 68. Cujas & les Féodistes, *coutume de Vermandois, art.* 133 ; *coutume de Rheims, art.* 139, *&* 161. Buridan, Boucheul, *sur la coutume de Poitou, art.* 52, *num.* 5 *& suiv. coutume d'Orléans, art.* 255 *&* 161. Lalande, Boulainvilliers, *état de la France, tom.* 6, *pag.* 350. *Mémoires de M. de Basville, pag.* 139.

vient de difcuter la queftion par rapport aux différentes révolutions qui font arrivées dans cette province , qu'on peut fixer à huit époques différentes. La première, fous la domination des Romains ; la deuxième, fous celle des Gots Occidentaux appelés Vifigots ; la troifième , fous celle des François par la conquête de Clovis, premier Roi de France Chrétien, & tandis que cette province fut gouvernée par des Ducs & des Comtes, fous l'autorité de nos Rois ; la quatrième, depuis qu'elle fut érigée en Royaume par le Roi Dagobert I, en faveur d'Aribert, ou Charibert fon frère ; la cinquième , par rapport à fon état, après qu'elle fut réunie à la couronne par Pepin le Bref & Charlemagne, & qu'elle fut de nouveau érigée en Royaume par le même Charlemagne, en faveur de Louis le Débonnaire fon fils; la fixième , par la nouvelle réunion à la couronne du temps de Charles le Chauve ; la feptième, fous les Ducs héréditaires , jufqu'à l'année 1152, que Eléonore de Guienne la porta au Roi d'Angleterre par fon mariage ; enfin la huitième , fous la domination des Anglois ; & cette époque peut encore être divisée en deux temps, dont le premier s'étend jusqu'au règne de saint Louis, & le deuxième, jusqu'à l'année 1451 que la Guienne fut réunie pour toujours à la couronne de France.

56. Pour réduire en forme l'argument que nous prétendons tirer de cette discussion, nous disons que la maxime, *nulle terre sans Seigneur,* doit être reçue, dans le cas qu'il se trouve quelque loi, ou traité, ou révolution, qui ait détruit généralement le Franc-Alleu, & qui n'ait laissé aucune terre dans sa liberté naturelle ; parceque les Seigneurs seroient fondés en droit général, & par conséquent la présomption seroit pour eux ; mais il en doit être tout autrement si la dérogation au Franc-Alleu n'est pas générale ; parceque des dérogations particulières ne peuvent pas former un droit commun & universel ; & que la liberté subsistant dans les héritages qui n'ont pas été assujettis aux fiefs, & aux droits Seigneuriaux, la présomption seroit pour les possesseurs. Or il n'y a ni loi, ni traité, ni révolution, qui ait dérogé généralement au Franc-Alleu dans les pays du droit-écrit, dont la Guienne fait partie, & les histoires font foi au

contraire, que la liberté naturelle s'y est conservée dans les héritages, dont l'assujettissement n'est pas prouvé par titres. Donc la maxime, *nulle terre sans Seigneur*, ne doit pas y être reçue pour le fief, & les droits Seigneuriaux ; mais seulement pour la justice, la jurisdiction, & la puissance publique. Il suffira de nous fixer aux deux premières époques pour la discussion de la troisième source que nous examinons.

SECTION I.

Première époque de la domination des Romains dans les Gaules & dans l'Aquitaine.

57. APRE's que (1) Jules-César eut fait la conquête des Gaules, il les divisa en trois parties, dont l'une, appelée Aquitanique, comprenoit tout le pays entre la Garonne, les monts Pyrénées, & la mer Océane, où elle avoisine la Biscaie & l'Espagne.

58. Auguste (2), son successeur à

---

(1) Auteserre, *rerum Aquit. lib.* 1, *cap.* 1. Louvet, *Histoire de Guienne*, ch. 1. *Histoire générale du Languedoc, liv.* 1.

(2) Auteserre, *ibid*, & *cap.* 2. Louvet, *ibid. Histoire générale du Languedoc, liv.* 2, *num.* 80,

l'Empire, ayant fait une nouvelle division des Gaules en quatre Provinces, agrandit l'Aquitaine de quatorze peuples, qui habitoient entre la Garonne & la Loire, par un démembrement de la Gaule Celtique ou Lyonnoife. Du nombre de ces peuples furent ceux du Vélay, du Gevaudan, & de l'Albigeois, renfermés aujourd'hui dans le Languedoc.

59. Les Hiftoriens (1) conviennent que l'Aquitaine, felon les bornes que l'Empereur Augufte lui avoit données, fut divifée en trois provinces, qui furent appelées première & feconde Aquitaine, & Novempopulanie, quoiqu'ils ne conviennent pas du temps de cette divifion.

60. Sous (2) la première Aquitaine, dont Bourges étoit la métropole ou capitale, étoient comprifes les villes de Bourges, Clermont, Rhodès, Alby, Cahors, Limoges, Mende, & le Puy, avec tout le pays indépendant, qui avoit fon étendue le long des Ceven-

---

(1) *Hiftoire générale de Languedoc*, *liv.* 3, *n.* 69, Auteferre, *rerum Aquitan. lib.* 1. *cap.* 3.
(2) Auteferre, *ibid.*

cap. 4 *& feq.* Louvet, *Hiftoire de Guienne*, *chap.* 1. *Hiftoire générale de Languedoc*, *liv.* 3. *num.* 69.

nes, depuis la source de la rivière du Tarn, jusqu'à son embouchure dans la Garonne, & de-là par une ligne recourbée jusqu'à la Loire.

61. La seconde (1) Aquitaine, qui avoit pour métropole la ville de Bordeaux, embrassoit toute l'Aquitaine, selon la division que Jules-César avoit faite des Gaules, & de plus six autres cités des quatorze peuples restans d'entre la Garonne & la Loire. Ces cités sont Bordeaux, Agen, Angoulême, Saintes, Poitiers, & Périgueux.

62. Du temps de l'Empereur Probus, ou du moins sous Dioclétien, fut faite l'érection (2) de la troisième Aquitaine, sous le nom de Novempopulanie, par un démembrement de neuf peuples, qui dépendoient de la seconde Aquitaine, & qui étoient entre la Garonne, & les Pyrénées, dont Euse fut déclarée la métropole. Ces neuf peuples sont ceux d'Auch & de Lectoure unis, d'Acqs, de Comminges, de Couzerans, de Baïonne, de Béarn & d'O-

---

(1) Louvet, *ibid.* Auteserre, *ibid. cap.* 11, ad *cap.* 16.
(2) *Histoire générale de Languedoc*, tom. 1, *not.* 33. *num.* 11. Auteserre *rerum Aquitan. lib.* 1, *cap.* 16, *ad cap.* 19. Louvet, *Histoire de Guienne*, *chap.* 1.

léron

léron unis, de Basas, de Tarbes, d'Euse, & Aire unis.

SECTION II.

Deuxième Epoque de la domination des Goths.

63. Ces trois provinces (1), avec les
autres des Gaules, furent possédées par
les Empereurs Romains jusqu'en 419,
que l'Empereur *Honorius*, par un traité
fait entre le Patrice Constance, son
Lieutenant, & Wallia, Roi des Visigots (2), céda à celui-ci le Toulou-
sain, le Bordelois, le Périgord, la
Saintonge, l'Aunis, l'Angoumois, &
le Poitou : tout le reste de la Nar-
noise première & de l'Aquitaine
demeura sous l'obéissance des Romains. La ville de Toulouse devint
alors la Capitale du Royaume des Visigots.

---

(1) *Histoire générale du
Languedoc, liv.* 4, *num.*
30. *Voyez* Auteserre, *rerum
Aquit. lib.* 5, *cap.* 2.

(2) Les Visigots sont ap-
pelés Gots par plusieurs
Historiens : mais pour ne
pas équivoquer sur ce nom,
il faut remarquer avec du
Haillan, *Hist. de France,* p.
19, que ceux qui habitoient
les Gaules étoient appelés
Visigots, nom qui signifie
Gots Occidentaux, à la différence de ceux qui étoient
en Italie, qui furent nommés Ostrogots, c'est-à-dire,
Gots Orientaux.

H

64. Mais (1) il faut remarquer avec les nouveaux Hiſtoriens du Languedoc, que les Viſigots maintinrent les anciens peuples dans leurs uſages, & en particulier du droit Romain.

65. Sous le règne (2) de l'Empereur Nepos, en l'année 475, Eurie, Roi des Viſigots, acquit par un traité de paix conclu avec l'Empereur, & par une ceſſion volontaire, la Narbonnoiſe première, les trois Aquitaines, & en particulier l'Auvergne, dont il demeura paiſible poſſeſſeur; enſorte que ſes Etats dans les Gaules eurent pour bornes la Loire, le Rhône, la mer Méditerranée, les Pyrénées, & l'Océan.

66. L'uſage des loix Romaines (3) ſubſiſtoit parmi les anciens habitans des provinces de l'Empire, quoiqu'elles euſſent été ſoumiſes à divers peuples barbares; & le code Théodoſien depuis la promulgation qui en avoit été faite en Occident (4) ſous l'Em-

---

(1) *Hiſtoire générale de Languedoc*, liv. 4, n. 29.
(2) *Hiſtoire générale de Languedoc*, liv. 4, n. 110, Auteſerre, *rerum Aquit.* lib. 5. cap. 16.

(3) *Hiſtoire générale de Languedoc*, liv. 5, n. 28, Auteſerre, *rerum Aquit.* lib. 3, cap. 7 & 8.
(4) Jacques Godefroy, *in Prolog. cod. Theod.* c. 7 & 8.

pire de Valentinien III, faifoit le fonds de toute la jurifprudence de ces anciens habitans, qu'on appeloit Romains, pour les diftinguer des nouveaux, ou des barbares.

67. Mais (1) dans le partage des biens, les deux tiers furent cédés aux Vifigots, & le tiers reftant demeura aux anciens habitans, ainfi que l'affurent les Hiftoriens, & que le prouve la loi des Vifigots. Ainfi Auteferre (2) fe trompe quand il dit que les anciens habitans ne cédèrent aux Vifigots que le tiers de leurs terres. Mais dans le partage qui fut fait entre les Vifigots (3) & leur Roi, une partie des terres échut au lot du Roi, & ce furent ces terres qui compoferent les domaines des Ducs héréditaires d'Aquitaine, & enfuite de nos Rois, qui faifoient valoir ces biens par des ferfs fifcalins, ou les donnèrent en fief à leurs vaffaux, quand l'ufage en fut introduit.

---

(1) Daniel , *Hiftoire de France, vie de Clovis. Hiftoire générale de Languedoc , liv.* 7*, num.* 92. Lex *Vifigothorum , lib.* 10 *, tit.* 8.

(2) Auteferre , *rerum Aquitan , lib.* 5 *, cap.* 10*, & de origine Feud. cap.* 1.

(3) *Hiftoire générale de Languedoc , liv.* 10*, num.* 122.

68. Les Provinces (1) des Gaules en particulier, qui avoient été cédées aux Visigots, s'étoient maintenues d'autant plus aisément dans l'usage du droit Romain, que, suivant la cession qui leur en avoit été faite, ces peuples n'avoient pas obtenu d'abord la domination absolue de ces provinces : ainsi dans les Etats des Rois des Visigots, il y avoit deux sortes de sujets, qui se gouvernoient par deux loix différentes. Les anciens habitans du pays qui suivoient la loi Romaine, & les Visigots qui avoient leurs loix particulières (2), que leur Roi Euric, par les soins de Léon son premier Ministre, avoit rédigées en 475, & qui furent perfectionnées par les Rois successeurs d'Euric, & mises dans l'état où nous les voyons dans le livre intitulé, *Codex legum antiquarum ;* leurs possessions étoient aussi distinctes, & avoient des noms différens. (3) Celles qui étoient

---

(1) *Histoire générale de Languedoc, liv.* 5, *n.* 28.

(2) *Histoire générale de Languedoc, liv.* 5, *num.* 2. V. *ibid.* tom. 1, *pag.* 240, 242, 320, 342, 343, 415, 416, 505, 519, 552, 564, 579, 583.

(3) Basnage, *sur l'art.* 101 *de la coutume de Normandie,* tom. 1, *pag.* 174 *de la première édition. Supplément aux essais sur la noblesse de France,* ch. *Allen, pag.* 4.

demeurées aux Romains étoient appelées *fortes Romanæ*, & celles des Gots *fortes Gothicæ*, comme le remarque *Bafnage*, fur l'article 102 de la coutume de Normandie, & ces poffeffions n'étoient fujettes qu'à la prefcription de 50 ans, fuivant la *loi des Vifigots*, *lib.* 10, *tit.* 2, *loi* 1.

69. Voilà les faits néceffaires pour connoître fi les différens pays conquis ou poffédés par les Romains & les Vifigots avoient perdu ou confervé leur liberté naturelle & primitive, dans les deux premières époques, c'eft-à-dire, quand ils paffèrent fous la domination des Romains, & enfuite fous celle des Vifigots, ou Gots Occidentaux. Examinons préfentement en particulier chacune de ces époques.

SECTION III.

Si la Guienne & le Languedoc étoient Juris Italici, *& s'ils jouissoient de l'exemption des tributs ; si la distinction du Domaine direct d'avec l'utile étoit connue des Romains.*

70. LES Auteurs ne sont pas d'accord si l'Aquitaine, & le Languedoc étoient *Juris Italici,* (1), c'est-à-dire, exempts des tributs, comme l'Italie, tandis que ces provinces étoient possédées par les Romains. (2) *Benedicti & Dominici* ont soutenu l'affirmative (3) ; *Cazeneuve* & *Auteserre* ont prétendu que ces provinces étoient tributaires des Romains ; mais, outre que M. de Basville, dans ses mémoires, *pag.* 154, soutient la première opinion, & attribue à cette exemption des tributs, l'origine des états de la province de Languedoc, d'ailleurs

____

(1) Du droit Italique. *Voyez* Boissieu, *de l'usage des fiefs, chap.* 52.

(2) Benedicti, *ad cap.* Rainutius, *verb. & uxorem, decis.* 2, *num.* 227.

Dominici , *de Prærogat. Allod, cap.* 2 *& 3.*

(3) Cazeneuve, *du Franc Alleu, liv,* 1 *, chap.* 1 *, num.* 5. Anteserre , *rerum Aquit. lib.* 3. *cap.* 1 *& 3.*

cette difcuffion eft indifférente. Car
que ces provinces fuffent fujettes aux
tributs, ou qu'elles en fuffent exemptes, on ne peut tirer aucun argument,
ni pour, ni contre le Franc-Alleu, &
les Auteurs qui ont fait dépendre le
Franc-Alleu de ce point de fait, me
paroiffent n'avoir pas bien raifonné :
parceque ces tributs n'ont jamais eu
rien de commun avec les fiefs, ni avec
la diftinction du domaine utile avec le
direct, qui eft une fuite du fief, &
l'opppofé du Franc-Alleu : diftinction
qui n'a été introduite que lors de l'é-
tabliffement des fiefs inconnus aux
Romains, & qui fe font formés long-
temps après que les Romains ont ceffé
de dominer fur les Gaules, même plufieurs fiècles après l'établiffement de
la Monarchie Françoife, comme il a
été prouvé ci-devant ; & l'on voit
encore aujourd'hui & depuis que l'on
a introduit la diftinction de l'Alleu
noble d'avec le roturier : que les terres
poffédées en Franc-Alleu roturier dans
le Languedoc, & dans les autres pays,
où le Franc-Alleu naturel n'eft pas
contefté, ne laiffent pas (1) de payer

---

(1) Ranchin, *fur la queft.* 112 *de Guy Pape.*

les tailles & autres impositions réelles, sans que l'Alleu ait souffert aucune atteinte, parceque le Prince a droit de les exiger à raison de souveraineté, & non à raison de quelque propriété qu'il ait sur les biens qui y sont sujets (1) ; & quoique les possessions qui furent laissées aux anciens Gaulois après la conquête fussent assujetties aux tributs, selon l'opinion de cer-Auteurs, toutefois elles étoient fran-franches de droits féodaux, qui étoient alors inconnus, & ils les possédoient en pleine propriété, comme nous l'avons montré ; ce qui prouve manifestement que l'assujettissement aux tributs ne peut rien conclure contre le Franc-Alleu.

71. Mais pour bien entendre ceci, il faut remarquer avec *Loiseau* (2) & *Bodin*, que les Romains ne reconnoissoient que deux sortes de Seigneuries, l'une publique, l'autre privée. La Seigneurie publique consistoit en la supériorité & l'autorité, elle étoit appelée

(1) Cazeneuve, *du Franc-Alleu*, *liv.* 2, *chap.* 13, *num.* 8. Basnage, *sur l'article* 102, *de la coutume de Normandie*, *pag.* 170 *de la première édition.* Do-minici, *de. Prærog. Allod. cap.* 22, *num.* 4, 9.

(2) Loiseau, *des Seigneuries*, *chap.* 1, *n* 26, 27 *& seq.* Bodin, *de la République*, *liv.* 2, *ch.* 2.

par

par les Latins, *imperium, potestas, domi-
natio*; en l'appliquant selon nos mœurs,
c'est la souveraineté qui appartient au
Monarque.

72. La Seigneurie privée (1) étoit
la vraie propriété, celle-ci étoit une, &
n'étoit point divisée en directe & utile,
comme elle l'est en France par notre
usage. Les Romains possédoient leurs
biens assujettis à la vérité, à la puissance publique, mais ils avoient la
pleine propriété sans division, ni partage; ils tenoient même pour maxime
indubitable que *duo non possunt esse
domini in solidum ejusdem rei*, ce qui
est établi sur plusieurs textes (2) du
droit Romain.

73. Cependant *Henris* (3), qui prétend que tous nos usages sont fondés
sur le droit Romain, & qui a cru qu'il
n'est presque point de matière qui ne
puisse être traitée & décidée par ce
droit, a pensé que la distinction du
domaine direct avec l'utile, qui est
en usage parmi nous, prend sa source

---

(1) Loiseau, ibid. *n.* 28, *ff. de acquirenda vel amitt*
& seq. *possess.*

(2) *L.* 5, § 14, *ff. com-* (3) Henris, *tom.* 1,
modati, *l.* 19. § 3, *ff. de* *liv.* 3, *ch.* 2, *quest.* 6.
castrensi peculio, *l.*

I

dans le droit Romain ; & pour le prouver, il rapporte plusieurs loix, & argumens, qui n'ont pourtant aucun
fondement, comme il paroîtra par la
discussion que nous en ferons : mais
auparavant il convient de bien établir
notre proposition.

74. Le point décisif de cette difficulté consiste à connoître plusieurs
choses qui étoient usitées parmi les
Romains, & quelle est leur véritable
nature, savoir, *superficies*, *vectigal*,
emphyteusis, *census*, *tributum*, *stipen-*
dium, que les Docteurs ont cru ren-
fermer une distinction du Domaine
utile avec le direct ; que celui-ci demeuroit au pouvoir du bailleur, &
celui-là étoit transféré au preneur.
Dans le cas du bail appelé *superficies*,
aucune propriété n'étoit transférée au
preneur ; la preuve en est claire dans
la *loi* 1, *ff. de superficiébus*, qui dit
que ce n'est qu'un contrat de louage,
ou d'achat de la surface, c'est-à-dire,
du droit de jouir de la superficie, en
vertu duquel le preneur pouvoit agir,
ou *ex conducto*, ou *ex empto*, contre
le propriétaire, selon la nature de la
convention, & par le rapport qu'elle
avoit avec le louage, ou avec la vente ;

ce qui eſt confirmé par la *loi non ſolet* 39 , *ff. Locati*, qui dit *non ſolet loca-tio dominium mutare* , & par notre uſage (1) , ſelon lequel on juge que la locatairie perpétuelle, qui eſt ſemblable au bail ſuperficiaire , ne produit point des lods & vente au Seigneur direct ; parceque la propriété n'eſt point transférée au preneur.

75. Le contrat qui produiſoit la rente appelée *vectigal* , étoit une eſpèce de louage, ou d'emphitéoſe des biens appartenans aux communautés des villes , avec cette convention que les preneurs, ou leurs ſucceſſeurs, ne pouroient en être dépoſſédés, tandis qu'ils payeroïent la rente : *Agri civitatum alii vectigales vocantur , alii , non ,* dit la loi (2) *Vectigales vocantur , qui in perpetuum locantur, id eſt hâc lege, ut tamdiu pro his vectigal pendatur , quamdiù neque ipſis qui conduxerint , neque his qui in locum eorum ſucceſſerunt, auferri eis liceat.* Le §. 1 , de la même loi (3), déclare formellement que les preneurs n'ont aucune propriété, *quamvis non*

---

(1) Ferrieres , *ſur la queſt* 48 *de* G. P. Cambolas, *liv.* 3, *chap.* 41. Olive, *liv.* 2, *chap.* 18.

(1) *L.* 1. *ff. ſi ager vectig. id eſt emphyteut. petat.*
(3) *D. l.* 1 , § 1.

efficiantur domini ; cela réfulte encore de la loi 15, §. 26 , *ff. de damno infecto.*

76. A l'égard de l'emphytéofe , celle que nous connoiffons par notre ufage , eft bien différente de celle des Romains. Il eft établi parmi nous , que l'emphytéofe réferve au Seigneur le domaine direct , avec les droits Seigneuriaux qui en font une fuite , & qu'elle transfère à l'emphitéote le domaine utile ; parceque , parmi nous *emphyteufis ad inftar patrimoniorum redacta eft.* Mais il en étoit autrement de l'emphytéofe des Romains, c'eft à quoi aucun de nos Auteurs , du moins de ceux que je connois , n'a fait attention. Ce qui les a empêchés de bien connoître la nature des emphytéofes des Romains , c'eft qu'ayant trouvé la diftinction du domaine direct avec l'utile , établie par un ufage reçu au temps qu'ils ont écrit , ils ont rapporté à la loi Romaine ce qui n'étoit fondé que fur un ufage préfent , c'eft-à-dire, qu'ils ont réduit aux idées de leur fiècle , des loix qui n'y avoient qu'un fimple rapport de nom , & qu'ils devoient expliquer par leurs propres difpofitions. Il eft aifé de prouver, ou pour

mieux dire, de démontrer que l'emphytéofe des biens des particuliers ne transféroit aux preneurs aucun domaine, même utile, à moins qu'il n'en fût ainfi convenu expreffément, & que celle des biens patrimoniaux du Prince transféroit la propriété, & ne réfervoit au fifc, qu'une fimple rente foncière ; enforte qu'il n'y avoit jamais de partage de la propriété.

77. En effet, *agri vectigales* n'étoient autre chofe que des biens des communautés des villes, baillés en emphytéofe. La rubrique du *ff. fi ager vectigalis id eft emphyteuticarius petit.* & la loi *fecundum, 15, § 1, ff. qui fatisdare cogantur* le prouvent, comme M. Cujas (1) l'a fort bien obfervé. Cependant la *loi 1, § 1, ff. fi ager vectigalis,* déclare nettement que ces emphitéotes n'ont aucune propriété, *quamvis non efficiantur domini, tamen placuit competere eis in rem actionem adverfus quemvis poffefforem, fed & adverfus ipfos municipes.*

78. Le § *adeo 3, inftit. de locato,* nous fait connoître la nature du contrat d'emphytéofe, & des biens em-

---

(1) Cujas, *ad tit. eod. de jure emphiteutico.*

I 3

phytéotiques, en difant que ce font ceux *quæ perpetuò fruenda traduntur, id eſt ut quandiu penſio ſive reditus pro his domino præſtetur, neque ipſi conductori, neque heredi ejus auferri liceat.* Le mot *domino,* qui ſe trouve dans ce texte, & dans toutes les loix du tit. du Code *de jure emphyt.* prouve bien clairement, que le bailleur demeure propriétaire après le bail, & les mots *fruenda traduntur* font entendre qu'on ne tranſporte au preneur qu'une ſimple jouiſſance ſans aucune ſorte de propriété : que ſi l'emphytéoſe avoit transféré quelque ſorte de propriété, l'Empereur Juſtinien l'auroit exprimé dans ſa deſcription ou définition ; qui doit faire connoître la nature, & les propriétés de la choſe définie. Rien n'eſt plus précis là-deſſus que la *loi 3, § 4, de reb. eorum qui ſub tut. vel cura ſunt ſine decreto non alien.* qui dit, que l'emphytéote n'a point de propriété, mais un ſimple droit, *quamvis jus prædii potiùs ſit.* La *loi 15, § 26 & 27, ff. de damno infecto,* le prouve encore d'une manière inconteſtable. Pour entendre ces deux §§, il faut ſavoir que ſuivant le § 16 de la même loi, celui qui eſt mis en poſſeſſion, faute par ſa partie d'avoir donné caution *ob damnum infectum*, commence à prefcrire la propriété du jour du fecond décret. Dans le § 26, le Jurifconfulte Ulpien demande, fi celui qui eft mis en poffeffion d'une maifon appartenante à une ville & qui eft baillée fous la rente appelée *vectigal*, (qui étoit une emphytéofe, comme nous l'avons dit,) peut obtenir un fecond décret pour acquérir la propriété, faute par l'emphytéote d'avoir baillé caution ? & il réfoud que non : mais qu'il faut feulement mettre en poffeffion la partie plaignante qui craint le dommage. La raifon eft parceque *nec dominium capere poffidendo poteft, fed decernendum ut eodem jure, quo foret is qui non caverat*, c'eft-à-dire, que comme l'emphytéote n'a aucun domaine ni propriété, on ne peut pas accorder à celui qui agit à caufe du refus ou de la négligence de bailler caution, plus de droit que l'emphytéote n'en a ; mais fi la partie qui craint le dommage, agit contre les Adminiftrateurs de la ville pour n'avoir pas baillé caution, elle peut obtenir le décret pour la propriété, & l'acquérir par une longue poffeffion, fuivant le § 27. Cette diftinction prouve donc mani-

I 4

festement que l’emphytéose laisse toute propriété au bailleur, & n’en transfère aucune au preneur.

79. Ce n’est pas que l’emphitéose ne pût contenir le transport de propriété, quand il étoit ainsi convenu : car aux termes de la *loi* 1 , *Cod. de jure emphyteutico,* & du § 3, *instit. de locato,* l’emphitéose est mise au rang des contrats, & doit se régler par les conventions *suis pactionibus fulciendam, & siquidem aliquid pactum fuerit hoc ita obtinere, ac si naturalis esset contractus ;* mais dans ce cas, la propriété étoit transférée à l’emphitéote, sans qu’il restât au bailleur qu’une rente simplement foncière ; autrement, s’il n’y avoit point de convention expresse pour transférer la propriété, elle demeuroit au bailleur ; aussi ne voit-on pas que les loix du titre *de jure emphyteut.* au Code, donnent à l’emphytéote le titre de maître, ni de propriétaire, ce titre n’est attribué qu’au bailleur ; ce qui suffit pour en conclure que l’emphytéote n’acquéroit aucun domaine ni aucune propriété , mais seulement le droit de jouir ; parceque les Romains ne faisoient pas deux sortes de domaines ; au contraire, les loix qu’ils

nous ont laiſſées, établiſſent pour règle, que deux perſonnes ne peuvent pas avoir le domaine *in ſolidum* de la même choſe.

80. *Loiſeau*, (1) qui, comme nous l'avons dit, a ſoutenu dans ſon traité des Seigneuries, que les Romains ne connoiſſoient qu'une ſeule eſpèce de propriété, ou de Seigneurie privée (2), par une contradiction à laquelle il n'a pas pris garde, a ſoutenu néanmoins que quand les terres domaniales ou patrimoniales étoient baillées à titre d'emphytéoſe, le Prince retenoit la Seigneurie directe, que les particuliers achetoient du fiſc, *quandoque ſalvo, quandoque dempto canone,* & alors elles étoient réduites à la condition des terres des particuliers. Il arriva même, ajoute cet Auteur, que l'on contraignit dans certaines contrées, les détenteurs de ces terres à financer pour l'achat de cette Seigneurie directe ſans diminution de la redevance, ce qui fut aboli par la loi *poſſeſſores 12, cod. de fundis patrimon.* Même il fut entièrement prohibé de changer par achat,

---

(1) Loiſeau, *des Seigneuries*, *chap.* 1.

(2) Loiſeau, *du déguer-* *piſſ. liv.* 1, *ch.* 4, *n.* 16, 17 *& chap.* 5.

ni autrement, la condition des terres patrimoniales, (1), *five dempto, five falvo canone, L. nulli* 13, *cod. eod.* Il a prétendu encore que toutes les rentes des Romains étoient feigneuriales, & qu'elles diftinguoient le domaine direct de l'utile.

81. Mais cet Auteur n'a pas bien entendu les loix fur lefquelles il fe fonde ; car il n'y en a aucune dans le droit de Juftinien, d'où l'on puiffe induire la diftinction du domaine direct d'avec l'utile. La *loi* 12 dit à la vérité, que les emphitéotes des biens patrimoniaux étoient contraints d'acheter les terres patrimoniales ; mais ce n'étoit qu'une entreprife de la part de ceux qui avoient l'adminiftration des biens du Prince ; car ces emphitéofes ne réfervoient au Prince qu'une fimple rente foncière fans aucune forte de propriété, ni de domaine, lequel étoit transféré aux emphitéotes. La *loi* 12 le prouve clairement par ces termes, *cum fundorum fint domini*, en parlant des emphitéotes, la *loi* 4, *cod. eod.* le prouve auffi en ces termes, *neque enim magis commodamus noftra*

---

(1) Loifeau, *ibid. chap.* 5.

quam tradimus ea jure dominii : auſſi la même loi décide que l'emphitéote du fiſc n'eſt pas ſujet à la peine du commis, faute de payer la rente, & ce fut la raiſon pourquoi il leur fut permis d'aliéner les eſclaves, ce qui n'a jamais été permis à ceux qui n'étoient pas propriétaires ; & afin qu'on ne penſe pas que cette loi a introduit un droit nouveau, la *loi* 1 du même titre, qui eſt antérieure de 119 ans, en fournit une preuve indubitable ; puiſqu'elle permet aux emphitéotes d'aliéner les fonds patrimoniaux ſans le conſentement du Prince, ce qui n'étoit pas permis dans les emphitéoſes des autres biens, ſuivant la loi dernière, *cod. de jure emphit.* parcequ'elles ne transféroient aucun domaine aux emphitéotes , mais un ſimple droit appelé *jus emphiteuticum* ; ainſi les achats qu'on obligeoit les particuliers de faire ne ſont pas une preuve que le Prince eût retenu le domaine direct. La *loi* 2 *, cod. de fundis patrimonialibus,* en diſant que le défaut de payement du tribut dû par les fonds patrimoniaux dans le temps marqué, ne nuit pas à la propriété appartenant à des mineurs, établit encore la même vérité.

82. A l'égard de la loi *nulli* 13 , *cod. de fundis patrimonialib.* elle ne fait rien pour la distinction du domaine direct d'avec l'utile, elle n'est pas même générale , puisqu'elle défend de transporter aux particuliers les fonds patrimoniaux , *limitrophi, vel saltuenses* , c'est-à-dire, destinés à l'entretien des armées , qui veilloient à la garde des frontières , ou aux pâturages appelés *saltuenses* , qui étoient dans les contrées d'Orient. La même défense avoit été faite par la *loi* 8, *cod. eod.* pour les terres de la Mésopotamie, & d'une autre province ; mais ces loix ne parlent point des fonds patrimoniaux non destinés aux pâturages, ou à l'entretien des armées.

83. Venons présentement aux mots *censfus, stipendium, tributum.* Les Historiens (1) nous apprennent que les Romains faisoient, chaque lustre, un dénombrement du peuple & de leurs biens , afin de pouvoir leur imposer dans les besoins les tributs à proportion de leurs facultés ; le dénombrement & le tribut étoient appelés *cen-*

---

(1) *Voyez* Sigonius, *de jure antiquo populi Romani, lib.* I. *cap.* 14, 16.

sus. Après que Paul Emile eut vaincu Persée, Roi de Macédoine, & réduit ce Royaume en province Romaine, ce tribut que les Auteurs appellent personnel, & qui étoit plutôt mixte, puisqu'il étoit imposé aux personnes à raison & à proportion de leurs biens, fut aboli à Rome & dans l'Italie, & ne fut imposé que sur les biens des peuples subjugués, qui étoient appelés *nec mancipi,* à la différence des terres que les Romains possédoient *jure optimo, jure quiritum* ou *quiritario, res mancipi,* à cause de leur exemption des tributs, qui fut communiquée à l'Italie, & ensuite aux autres pays.

84. La même imposition s'appeloit aussi, selon la diversité des provinces, *stipendium,* ou *tributum* ; il n'y avoit qu'une différence de nom entre *stipendium* & *tributum,* comme le dit le Jurisconsulte Ulpien dans la *loi* 27, § 1, *ff. de verbor. signif.* Ce qui donna lieu à la diversité du nom fut, que du temps des premiers Empereurs, il y avoit des provinces qui leur étoient particulièrement affectées pour leur entretien, dans lesquelles on envoyoit des Présidens pour les gouverner, & d'autres qui demeuroient au peuple Romain ;

cela fut ainſi réglé par l'Empereur Au-
guſte. Ce qui ſe payoit par les provinces des Empereurs étoit appelé *tribu-*
tum, & ce qui étoit payé par les provinces du peuple étoit appelé *ſtipen-*
dium. Mais dans la ſuite les Empereurs
s'étant attribué toute la ſouveraineté,
& n'ayant laiſſé aux peuples rien de
ce qui regardoît le gouvernement de
l'Empire, il n'y eut plus aucune diſtinction des provinces, ni entre *ſti-*
pendium & *tributum*, à cela près
qu'il y avoit des provinces qui étoient
exemptes des tributs ; le dénombrement de ces provinces qui jouiſſoient
de l'exemption ou du droit italique,
ſe trouve dans le titre de *cenſibus* aux
digeſtes.

85. Cependant le cens, ou le tribut
qui étoit exigé des provinces tributaires ou ſtipendiaires, ne ſe payoit
pas à raiſon de quelque Seigneurie directe ou particulière, mais bien à cauſe
de la ſouveraineté, comme on paye
aujourd'hui en France les tailles réelles ; auxquelles tailles on a aſſujetti
les Alleus depuis que l'on a introduit
la diſtinction du Franc-Alleu noble
d'avec le roturier ; diſtinction incón-
nue avant la réformation de la coutu-

r me de Paris, faite en 1510, comme nous l'avons remarqué ci - deſſus, ainſi que l'ont fort bien obſervé (1) Dumoulin & Loiſeau. Les interprêtes du droit Romain ont donc viſiblement erré, lorſqu'ils ſe ſont figurés que les fonds ſtipendiaires ou tributaires appartenoient à la République pour le domaine direct. Le § 40, aux *inſtitutes de rerum diviſ.* nous en fournit une preuve inconteſtable, lorſqu'il dit que les fonds tributaires ou ſtipendiaires ne différent en rien, quant à la propriété, d'avec les fonds qui étoient *juris Italici. La loi competit* 6, *cod. de præſcrip.* 30, *vel* 40, *annor.* le prouve encore, en diſant que les particuliers peuvent preſcrire la propriété des fonds tributaires, mais non pas l'exemption des tributs.

86. Après avoir établi, que les Romains ne connoiſſoient pas la diſtinction du domaine direct d'avec l'utile, & que toute propriété étoit retenue ou transférée ſelon les conventions ou la nature de leurs contrats ſans di-

---

(1) Dumoulin, *ſur la coutume de Paris*, tit. 2, num. 15. Loiſeau, *du déexerp. liv.* 1, *ch.* 4, *n.* 13. Chantereau le Fevre, *de l'origine des fiefs, liv.* 1, ch. 7.

vision ni partage, il convient d'examiner les argumens & les loix que M^e.
Claude Henris oppose pour établir la
proposition contraire. Le premier qui
a entraîné tous nos Auteurs dans l'erreur, consiste à dire que le contrat
d'emphitéose attribuant au possesseur
le droit d'agir *in rem, & rei vindicatione, l.* 1, § 1, *ff. si ager vectigal. id est
emphiteut. petat.* il falloit qu'il eût une
propriété du moins utile, qui servît de
fondement à cette action, laquelle ne
compète qu'au propriétaire ; & c'est
de-là que les interprètes ont tiré la distinction du domaine utile du direct,
selon *Loiseau* (1) ; mais l'argument est
frivole. Car l'action *in rem*, ou la vendication ne suppose pas toujours la
propriété du fonds ; par exemple, celui qui n'a que l'usufruit, n'a aucune
propriété, cependant l'action *in rem*,
& la vendication lui compètent, *l.* 1, *ff.*
ususfruct. petat. celui qui a une servitude ou un sépulcre n'est pas propriétaire du fonds servant, ni du lieu
du sépulcre, néanmoins il peut vendiquer la servitude & le sépulcre, *l.*
1, *ff. si servit. vindic.* Celui qui n'a de

---

(1) Loiseau, *du déguerp. l.* 1, *chap.* 5, *num.* 1.

titre

titre qu'en vertu d'un contrat superficiaire n'eſt pas non plus propriétaire, comme nous l'avons montré, toutefois il a droit de vendiquer, *l.* 73, § 1, *l.* 74, *l.* 75, *ff. de rei vindic. l.* 1. § 4. *ff. de ſuperficiêb.*

78. Il eſt vrai que, pour vendiquer la propriété, il faut que celui qui agit prouve qu'elle lui appartient, *l.* 2, *cod. de probat. & l.* 11, *cod. de petit. hered.* parceque *rei vindicatio ſoli domino competit ;* mais il faut prendre garde qu'on peut vendiquer un droit ſans avoir la propriété de la choſe ſur laquelle le droit eſt établi ; puiſqu'on peut vendiquer l'uſufruit, là ſurface, une ſervitude prédiale, un ſépulcre, ainſi que les loix ci-deſſus citées le prouvent. Voilà pourquoi il n'eſt pas merveilleux que l'emphytéote puiſſe vendiquer le droit emphitéotique, ſans avoir aucune propriété ſur le fonds, & ſans recourir à la diſtinction des domaines. Et tout comme le droit de vendiquer l'uſufruit, une ſervitude, &c. ne ſuppoſe pas la propriété ſur le fonds, mais ſeulement une propriété de l'uſufruit, ou de la ſervitude ; de même le droit de vendiquer dans l'emphitéoſe , ne ſuppoſe pas non plus quelque propriété

fur le fonds ; *il fuppofe feulement une propriété du droit emphitéotique*, tout comme dans le cas de l'ufufruit, de la fervitude, du droit de fépulcre, & de la fuperficie. Rien n'eft donc plus frivole que le fondement fur lequel les interprètes ont bâti la diftinction du domaine direct d'avec l'utile , lorfqu'ils l'établiffent fur le droit qui compète à l'emphitéote , d'agir *rei vindicatione*.

88. Le fecond argument confifte à dire que les anciens Romains connoiffoient deux fortes de domaines, favoir , celui qui étoit acquis *jure quiritum,* & celui qui étoit appelé *bonitarium* ; d'où l'on a inféré que les Romains avoient diftingué le domaine direct de l'utile ; mais on doit d'abord obferver qu'on n'en trouve des veftiges que par rapport aux efclaves , & non par rapport aux fonds. Le Jurifconfulte Ulpien , *tit.* 1 , *regular.* § 11, *& tit.* 19 , § 19 , qui fait mention de ces deux efpeces de domaine , n'en parle que relativement aux efclaves. Pour entendre cela , il faut favoir que les anciens Romains avoient inventé plufieurs manières de transférer la propriété , telles étoient la mancipation ,

mancipatio ; l'abandon fait en jugement, *in jure ceffio* ; l'ufucapion , & plufieurs autres, comme l'expliquent *Ulpien*, *tit.* 19, § 2, & *Sigonius*. (1) Lorfqu'un citoyen Romain achetoit un efclave d'un autre citoyen Romain, fans avoir fait intervenir la formalité de la mancipation, ou l'abandon en jugement, & que l'ufucapion n'étoit pas accomplie, l'acheteur n'acquéroit pas la propriété, l'efclave étoit feulement *in bonis* de l'acheteur, & le vendeur en demeuroit propriétaire *jure quiritum.* *Ulpien*, *tit.* 1, § 11. Les interprètes ont appelé *dominium bonitarium*, le droit qui étoit acquis à l'acheteur ; mais le Jurifconfulte n'en parle pas de même, il dit feulement que l'efclave étoit *in bonis* de l'acheteur ; ce n'étoit donc pas un partage de la propriété, laquelle demeuroit en entier fur la tête du vendeur ; parceque le titre n'étoit pas capable de la transférer ; & fi l'efclave acheté étoit *in bonis* de l'acheteur, c'eft parceque il avoit droit d'en jouir , & c'étoit à-peu-près de la même manière qu'un

---

(1) Sigonius, *de antiquo jure populi Romani , lib.* 1, *cap.* 11.

fonds engagé eſt dit être *in bonis* du créancier engagiſte. D'ailleurs toutes ces formalités du droit ancien ayant été abrogées par la *loi Unique, cod. de nudo jure quirit. toll. & par la loi un. cod. de uſucap. transformanda ,* on ne peut prendre aucune induction de cet uſage ancien des Romains, ni en faire aucune application à la diſtinction du domaine direct d'avec l'utile , qui eſt une invention des interprètes embar-raſſés de concilier des loix qu'ils n'ont pas entendues , & qui n'a aucun fon-dement dans le droit Romain , dont les règles ſont au contraire totalement oppoſées à cette diſtinction.

89. On prend un troiſième argu-ment de la *loi 5 , cod. de diverſis præ-diis urban. & ruſticis ,* de la *loi poſſeſſo-res 12, cod. de fundis patrimonial.* qui appellent l'emphytéoſe *dominium,* & de pluſieurs autres qui donnent la même qualité à celui qui a baillé le fonds en emphitéoſe, enſorte que, pour conci-lier ces loix , les interprètes , qui n'ont ſu imaginer rien de mieux pour ré-ſoudre les difficultés, ont diviſé le do-maine en deux eſpeces , & il ont attri-bué au bailleur le domaine direct, & au preneur l'utile. Il eſt vrai que les

deux loix rapportées donnent au poffeffeur la qualité de maître ou de
propriétaire ; mais fi on les examine,
on n'y trouvera pas la diftinction du
domaine direct d'avec l'utile ; on y
verra feulement que dans leur cas le
poffeffeur étoit vrai propriétaire.

90. En effet la *loi 5 , cod. de diver-
fis prædiis ruft. & urban.* ne parle que
d'un fonds baillé en propriété par une
ville, fous une fimple rente foncière,
& non d'une emphythéofe. Ainfi il
n'eft pas merveilleux que cette loi dife,
*apud eos dominium in perpetuum perma-
neat* : & ce qui prouve le tranfport de
propriété fur la tête du preneur, c'eft
que la même loi défignant le fonds
comme ayant appartenu à la ville, dit
ad quam eadem res pertinuerint ; ce qui
marque non un domaine actuel, mais
un domaine qui a autrefois appartenu
à la ville, & qui a ceffé, lorfqu'il a
été transféré au preneur. Ainfi cette
loi bien entendue détruit la diftinction
du domaine direct de l'utile, & l'o-
pinion de Dumoulin , & des autres
Auteurs, qui ont cru que les Romains
ne faifoient pas des baux à fimple rente
foncière, qui emportaffent aliénation

abſolue , tant du domaine direct que de l'utile.

91. La *loi 12 , cod. de fundis patrimonial.* dit que les poſſeſſeurs ſont *fundorum domini ;* mais elle parle *de emphiteuticariis patrimonialibus ,* c'eſt-à-dire , des emphitéoſes concédées par le Prince , de ſon patrimoine , laquelle étoit d'une nature différente des autres emphitéoſes , parcequ'elle tranſportoit la propriété au preneur , & ne réſervoit au Prince , que la rente ſtipulée ; au lieu que les autres emphitéoſes ne tranſportoient aucune propriété , qui demeuroit ſur la tête du bailleur , ſuivant la *loi* 1 , § 1 , *ff. ſi ager-vectigal id eſt emphiteut. petat.* la *loi* 15 , § 26 , *ff. de damno infecto ,* le §. 3 , *inſtit. de locato , & les loix* 2 & 3 *cod. de jure emphiteut.* Et il eſt ſi vrai , que le preneur étoit le maître des fonds emphitéotiques patrimoniaux , qu'il pouvoit les aliéner ſans le conſentement du Prince , ni de ſes magiſtrats , ſauf la rente due , *l.* 1 , *cod. de fundis patrimonial.* au lieu que les autres emphitéotes ne pouvoient aliéner les améliorations, & le droit emphitéotique , que du conſentement du bail-

leur à peine du commis, *lege ult. cod.*
de jure emphiteut.

92. De ce que nous avons obfervé,
nous pouvons tirer cette conféquence
infaillible, que les Romains ne con-
noiffant point la diftinction du domaine direct d'avec l'utile, les tributs qu'ils exigoient dans les provinces, & qui n'etoient payés qu'à raifon
de la fouveraineté, ni les autres baux
à rente des Romains, ne peuvent pas
fournir le plus léger argument pour
établir la Seigneurie féodale ; qu'ainfi
c'eft avec raifon que nous avons foutenu qu'il étoit indifférent de favoir fi
le Languedoc & la Guienne jouiffoient
du droit italique, ou fi ces provinces
étoient tributaires : car dans l'un &
l'autre cas, ces pays ont joui de la liberté du Franc-Alleu naturel, tandis
qu'ils ont été fous la domination des
Romains.

SECTION IV.

Usage de la loi Romaine dans l'Aquitaine, & dans les autres pays des Gaules.

93. Nous avons vu que ce n'étoit pas par voie de conquête, mais par une cession volontaire que les Gaulois passèrent sous la domination des Visigots, & que d'ailleurs les premiers habitans de l'Aquitaine, du Languedoc, & des autres pays, qui avoient cédé aux Visigots deux tiers de leurs terres, en ayant retenu comme auparavant le surplus, avoient aussi été confirmés dans l'usage de la loi Romaine : jusque-là que le Roi Alaric, pour se concilier l'affection des peuples qui vivoient sous cette loi (1), qu'ils avoient toujours maintenue avec beaucoup de vigueur, toutes les fois qu'on avoit voulu y donner atteinte (2), avoit fait faire en 506 par plusieurs habiles Jurisconsultes, un commentaire, ou une

____

(1) Auteserre, *rerum Aquitan. lib.* 3, *cap.* 7.
(2) *Histoire générale du*
Languedoc, *lib.* 5, *n.* 28, 29, 30. Auteserre, *ibid. lib.* 5, *cap.* 18.

explication

explication de la loi Romaine, contenue dans le Code Théodofien, à laquelle explication il donna la force de
loi, avec injonction aux Juges de s'y
conformer, & défenfes d'y contreve-
nir, fous peine de la vie, & de confifcation des biens ; d'où il paroît clairement que l'ancienne franchife des
terres de ces provinces ne fouffrit aucune atteinte par le changement de
domination. (1) Bien plus on ne trouve
dans les loix des Vifigots aucune trace,
ni veftige des fiefs, ni de la diftinction
du domaine direct d'avec l'utile. Ainfi
quand les anciens poffeffeurs n'auroient pas été confervés dans l'ufage
de la loi Romaine, felon laquelle tous
les fonds font préfumés francs & libres, & qui ne connoît pas la diftinction du domaine direct d'avec l'utile,
la franchife naturelle n'auroit pas moins
été confervée fous la domination des
Vifigots ; (2) puifque les fiefs qui font
l'oppofé du Franc-Alleu leur étoient
inconnus ; & ce qui ne laiffe aucun
doute raifonnable fur ce point, c'eft

---

(1) *Hiftoire générale de Languedoc, ibid.* Gaze-neuve, *du Franc-Alleu, liv.* 1, *chap.* 11, *num.* 1.

(2) Bafnage, *fur l'arti-cle* 102 *de la coutume de Normandie, pag.* 171, *de la première édition.*

L

que les Hiſtoriens (1) du Languedoc
aſſurent que toutes les terres étoient
poſſédées en Franc - Alleu encore en
l'année 712. Les Viſigots n'ayant donc
point eu la Seigneurie féodale univerſelle ſur les terres de leur domination,
lorſque le Roi Clovis leur a ſuccédé
par droit de conquête, il n'a pas pu
l'acquérir du chef des Viſigots. Ce qui
nous ſuffit pour l'éclairciſſement de
cette troiſième ſource.

(2) *Hiſtoire générale du Languedoc, liv.* 7, *n* 93.

CHAPITRE VI.

Examen de la quatrième Source: Si le Roi ou les Seigneurs qui ont droit de lui, ont acquis la Seigneurie féodale univerſelle, par quelque révolution arrivée depuis la conquête des Gaules par les François.

SECTION I.

Troiſième Epoque de la domination des François, tandis que le Languedoc & l'Aquitaine furent gouvernés par des Ducs ou des Comtes.

94. LES Viſigots (1) ayant régné dans l'Aquitaine & dans le Langue-doc de la manière que nous l'avons dit, pendant l'eſpace de 88 ans, Clo-

____

(1) Auteſerre , *rerum Aquitan. lib.* 3 , *cap.* 11. Dominici , *de Prærogat. Allod. cap.* 7. *Hiſtoire gé-nérale du Languedoc, liv.* 5. *num.* 37, 38, 57, 59 ; *liv.* 7, *num.* 83 ; *liv.* 8, *num.* 1, 2, 9, *& ſeq. & num.* 36. *Voyez* Catel , *Mé-moires du Languedoc, pag.* 529 *& ſeq.*

vis, premier Roi de France Chrétien,
conquit fur eux en 507 l'Aquitaine,
avec la ville de Touloufe ; mais la plus
grande partie du Languedoc refta encore fous la domination des Vifigots
qui transferèrent le fiége de l'Empire
à Narbonne, où ils fe maintinrent jufqu'à l'année 712, qu'ils en furent chaffés par les Sarrafins, lefquels le furent
auffi à leur tour par Eudes, Duc d'A-
quitaine, & enfuite par Charles Martel
& fes defcendans.

95. Cette révolution n'apporta aucun changement, n'introduifit point
la Seignéurie féodale univerfelle ; car
on peut bien croire que les Francs,
qui dans leurs premières conquêtes des
Gaules (1), s'étoient partagés entr'eux
une portion des terres, & en avoient
laiffé une autre portion aux peuples
vaincus, comme nous l'avons dit, en
usèrent de même après la conquête
du Languedoc & de l'Aquitaine ; mais
ce fut fans donner atteinte à la liberté
des biens, comme nous l'avons prouvé
ci-devant ; les terres qui furent laiffées aux peuples vaincus, tout comme

---

(1) *Hiftoire générale de* *la nobleffe de France*, verb.
Languedoc, liv. 7, *n.* 92. *Alléu, pag.* 2 & 3.
Supplément aux effais de

celles que les vainqueurs retinrent, furent par eux possédées en pleine propriété foncière, sans reconnoître aucun Seigneur. Il y a même une raison particulière pour soutenir qu'on en usa ainsi en faveur de la Guienne ; c'est qu'encore qu'Alaric, Prince Arien, eût laissé aux Catholiques de ses états des Gaules, (1) le libre exercice de leur Religion, & qu'il eût même permis aux Evêques de tenir un Concile à Agde, néanmoins l'attachement de ces mêmes sujets à la Religion Catholique leur faisoit souhaiter avec ardeur . de se voir sous la domination du Roi Clovis qu'ils regardoient comme l'appui de la foi, & le protecteur de l'Eglise ; ce qui engagea ce Roi d'entreprendre la guerre contre les Visigots. Ainsi la conquête étant en partie l'effet de la bonne volonté des Aquitains (2), on ne peut pas douter que le Roi Clovis ne laissât aux peuples

---

(1) *Histoire générale de Languedoc, liv.* 5, *n.* 31, 32. Dominici, *de Prarogat. Allod. cap.* 7, *n.* 2, 3, 8. Auteserre, *rerum Aquitan. lib.* 3, *cap.* 8. *Voy.* Cazeneuve, *du Franc-Alleu, liv.* 1, *chap.* 2.

Gregorius Turonensis, *l.* 2, *cap.* 36, 37. L'Abbé Dubos, *Histoire critique de l'établissement de la Monarchie Françoise, discours préliminaire, p.* 10.

(2) Cazeneuve, *du Franc-Alleu, l.* 1, *ch.* 11, *n.* 5.

d'Aquitaine, & leurs loix, & leurs biens dans la même franchife, tout comme il en avoit ufé à l'égard des autres terres des Gaules, conquifes auparavant, ainfi que nous l'avons fait voir ; ce qui fut continué par fes fuc-ceffeurs, par rapport aux loix. Bou-lainvilliers (1), & les autres Auteurs, nous apprennent que les François laif-sèrent à toutes les villes, la liberté de fuivre leurs ufages particuliers, & qu'ils ne foumirent les Gaulois au droit falique, qu'en cas de conteftation avec un François qui étoit par eux pour-fuivi en juftice ; ainfi ceux qui fui-voient le droit Romain, y furent main-tenus. Nous le voyons dans une conf-titution du Roi Clotaire I, de l'an 560, rapportée dans la compilation des conciles du P. Labbe (1), & dans le recueil des Capitulaires de Balufe, qui porte, *inter Romanos negotia caufa-*

____

(1) Boulainvilliers, *dif-fertation fur la noblefe de France*, pag. 121. Fau-chet, *antiquités Françoi-fes*, liv. 2, chap. 16 ; le Fevre, *de l'origine des fiefs*, liv. 1, chap. 7. L'Abbé Dubos, *Hiftoire critique de la Monarchie Françoife*, liv. 6, ch. 1 & 9, tom. 3, pag. 250 ; 385 & fuiv. Froland, *Mémoires fur le Senatus Confulte Velleien*, part. 1, chap. 4, num 6.

(2) Labbe, tom. 1, *Concil. col.* 827; *Capitular. Balufii*, tom. 1, pag. 7.

rum Romanis legibus præcipimus termi-
nari. (1) La preuve en eſt encore plus
claire dans une conſtitution de Charles le Chauve de l'année 864 (2) où
cet Empereur & Roi de France aſſure,
que ni lui, ni ſes prédéceſſeurs, n'a-
voient fait aucune loi qui eût dérogé
au droit Romain. *In illis autem regio-*
nibus in quibus ſecundùm legem Roma-
nam judicantur judicia , juxtà ipſam le-
gem committentes talia, judicentur; quia
ſuper illam legem , vel contra ipſam le-
gem , nec anteceſſores noſtri quodcum-
que capitulum ſtatuerunt, nec nos conſ-
tituimus ; & ce fut en conſéquence de
cette loi Romaine (3) , que Dagobert
confiſqua en 636, ou 640, les biens
de Sadregiſile , qui avoit été tué , &
qu'il en priva ſes enfans, pour n'avoir
pas vengé la mort de leur père, comme
le droit Romain l'ordonne , parceque
ces biens étoient ſitués dans l'Aqui-

---

(1) Tous les Gaulois
étoient compris ſous le mot
Romanos , à cauſe que par
une conſtitution de l'Em-
pereur Antonin, rapportée
dans la loi 17, *ff, de ſtatu*
hominum , tous ceux qui
étoient ſujets de l'Empire
Romain , & libres avoient
été citoyens Romains.

(2) *Capitular.* Baluſii ,
tom. 2 , pag. 183.
(3) *Hiſtoire générale de*
Languedoc , liv. 7 , *n.* 12.
Cazeneuve, *du Franc-Al-*
leu , liv. 1 , *ch.* 2 , *n.* 11.
Supplément aux eſſais ſur
la nobleſſe de France, verb.
Aquitaine , pag. 11.

taine. Par rapport aux biens, plufieurs autres conftitutions, dont nous parlerons dans la fuite, parmi lefquelles il y en a qui font adreffées aux Aquitains, font mention des Alleus, & prouvent par conféquent que les terres furent laiffées dans leur franchife naturelle.

96. Il y avoit dans l'Aquitaine, après la conquête, (1) deux différens peuples, c'eft-à-dire, les Gaulois, anciens habitans appelés Romains, (2) & les François, qui, comme nous l'avons dit, eurent part aux terres. Les premiers vivoient fous la loi Romaine, & les François fous la loi Salique. Les biens poffédés par les Romains ou Gaulois, étoient appelés (3) *fortes Gothicæ, & Romanæ*, & ceux poffédés par les François, étoient appellés *Alleus* (4), ou terre Salique; ce qui fignifioit des terres propres, poffédées en toute

---

(1) *Voyez* Cazeneuve, *ibid. num.* 13.

(2) Pafquier, *recherches de la France, liv.* 8, *ch.* 1, *de l'édition de* 1621, à caufe qu'ils avoient été faits citoyens Romains, comme nous l'avons remarqué plus haut.

(3) Dominicy, *de Pra-* rog. *Allod. cap.* 7, *num.* 4; *cap.* 12, *n.* 9. *Supplément aux effais de la nobleffe,* verb. *Alleu, pag.* 4.

(4) Voyez la *differtation fur la nobleffe de France,* par Boulainvilliers, *p.* 23 & 26. Jourdan, *Hiftoire de Franco, tom.* 3, *p.* 97.

propriété , & qui étoient tranfmifes de même aux héritiers, *rem propriam , hereditatem, rem fui juris, & cum omni integritate ;* comme s'explique (1) *Dominici ,* & tous les Auteurs qui ont donné la définition du mot *Alleu* (2), en difent autant. Je fais cette obfervation, afin qu'on ne s'imagine pas que les terres poffédées par les François dans l'Aquitaine & dans le Languedoc après la conquête de Clovis, étoient féodales , & que le Roi, après en avoir entièrement dépouillé les peuples vaincus, les eût baillées à titre de bénéfice fous certains fervices. Car nous avons établi ci deffus que l'hiftoire nous apprend le contraire.

SECTION II.

Quatrième Epoque du gouvernement de l'Aquitaine , érigée en Royaume.

97. L'AQUITAINE fut gouvernée fous l'autorité des Rois de France, qui en étoient les Souverains , par des Gou-

---

(1) *Dominici. Cap.* 7, *n.* 4.

(2) *Voyez* la coutume de Normandie, *art.* 101 , &

ibid. Bafnage , Dumoulin, *fur la coutume de Paris ,* §. 68. Cujas , *fur les livres des fiefs.*

verneurs qui étoient appelés Ducs (1),
jusqu'à l'année 630, que le Roi Dagobert I, qui s'étoit emparé de tous
les Etats de Clotaire son père (2), à
l'exclusion de Daribert, ou Charibert
son frere puîné, pour l'engager à renoncer à ses prétentions, lui céda à
titre de Royaume pour son partage,
cette partie qui est depuis la Loire,
jusques aux frontières d'Espagne, &
entre le Touloufain, le Quercy, l'A-
génois, le Périgord, la Saintonge &
tout le pays situé entre ces provinces
& les Pyrénées, c'est-à-dire la Novempopulanie, ou Gascogne qu'il pos-
séda à titre de Royaume dont Touloufe étoit la Capitale (3). Dans la suite, & depuis Louis le Debonnaire, le
pays de Carcaffonne, de Rafés, d'Albigeois, du Vélay, & du Gevaudan,
dépendirent du Royaume d'Aquitaine.

98. Charibert (4) étant mort, Chilperic, ou Ilderic, son fils aîné, lui succéda dans un âge encore fort tendre.

---

(1) *Hist. gen. de Lang.*
liv. 7, *n.* 1. *Voyez* Fauchet,
Antiq. Franç. liv. 5. c. 3.
(2) Duhaillan, *Hist. de*
France, vie de Dagobert I,
pag. 88, Aimoinus *lib.* 4,
cap. 17, *Fredegarius five ap-*
pendix ad Gregor. Turonens.

lib. 11, *cap.* 57.
(3) *Hist. gen. de Lang.*
liv. 10, *n.* 125.
(4) *Hist. gen. de Lang.*
liv. 7, *n.* 4, 5, 13, & *t.* 1.
Note 83, *fredegar. five*
appendix ad Gregor. Turo-
nens. lib. 11, *cap.* 67.

Il mourut peu de temps après, & Dagobert reprit le Royaume de Toulouse, & la Gascogne qui avoient été cédés à Charibert. Mais, selon les Historiens du Languedoc (1), Amand, Duc ou Gouverneur de Gascogne beau-père de Charibert, ayant fait révolter les Gascons, & s'étant mis à leur tête en 636, fit des courses dans tout le Royaume qui avoit appartenu à Charibert, d'où il remporta un riche butin. Cela obligea Dagobert à donner en 637, par forme d'appanage, à ses neveux, Boggis & Bertrand, fils de Charibert, en faveur desquels Amand, leur aïeul, avoit pris les armes, le Royaume de Toulouse & d'Aquitaine, tel que leur père l'avoit possédé, à la charge qu'ils payeroient au trésor Royal un tribut annuel. Ils ajoutent, que depuis ce temps là Boggis & Bertrand, & les Ducs d'Aquitaine, issus de leur branche, demeurèrent possesseurs de l'Aquitaine sous la dépendance de Dagobert & des Rois ses Successeurs. Cependant les autres Historiens ne parlent point de la concession faite à Boggis & à Bertrand, du Royaume

____

(1) *Hist. génér. de Lang. ibid.*

d'Aquitaine par Dagobert. *Besli &*
Louvet disent à la vérité, que Boggis
fut Duc d'Aquitaine en 711, & Bertrand en 727; mais si les sentimens
de ces Auteurs étoient vrais, il ne seroit pas possible que Dagobert eût donné le Royaume d'Aquitaine à Boggis
& à Bertrand en 636. Toutefois la
Charte de Charles le Chauve, rapportée par les Historiens du Languedoc (I), si elle n'est pas fausse,
prouve fort bien une concession de
certaines terres, mais elle ne prouve
pas qu'elle ait été faite à titre d'appanage, ni sous un tribut en faveur
des Rois de France ; car elle n'en parle
pas, elle fait mention de Boggis comme Duc, mais il ne devoit être que
simple Gouverneur.

99. Les mêmes (2) Historiens du
Languedoc prétendent, que la concession dont ils parlent, faite en faveur des enfans de Charibert, fut à
titre de fief, sous la foi & hommage,
& que c'est là le premier exemple de
l'hérédité des fiefs ; mais la Charte

---

(1) *Hist. gen. de Lang.*
tom. 1 , p. 85 & seq. aux
preuves, tom. 1.

(2) *Hist. gen. de Lang.*
liv. 7 , n. 4, 5, 13, &
not. 83, tom. 1.

de 845, fur laquelle ces Hiftoriens fe fondent, ne parle ni de fief, ni d'hommage; cela n'eft pas même poffible, parceque du temps de Dagobert, les fiefs n'étoient pas encore introduits, comme nous l'avons prouvé ci-deffus, de quoi ces mêmes Hiftoriens (1) conviennent; que le droit féodal ne fut établi que fur la fin de la feconde race de nos Rois, ou du commencement de la troifième, c'eft-à-dire depuis le dixième fiècle feulement. Ce qui a fait que ces Hiftoriens ont confidéré cette conceffion, comme un fief, (qui à fuppofer qu'elle fût du Royaume d'Aquitaine, ne feroit dans la verité qu'une confirmation, ou un renouvellement du partage fait avec Charibert) c'eft qu'ayant trouvé dans la charte de 845, que la Gafcogne avoit été concédée par Charlemagne au Duc Loup *beneficiario jure*, ils ont cru que la Guienne avoit été donnée à Boggis & à Bertrand au même titre de bénéfice; ce qui n'eft pas vrai; puifque cette Charte ne parle que de certaines terres que Boggis & Ber-

---

(1) *Hift. gen. de Lang. liv.* 7, *n.* 23.

trand avoient poſſedées & tranſmiſes
à Eudes *jure hereditario* ; qu'ils ont
ſuivi l'erreur commune en confondant les bénéfices avec les fiefs ; &
que par inadvertance , ils ont donné
aux fiefs une origine auſſi ancienne
qu'aux bénéfices , quoiqu'ils euſſent
déja fixé l'établiſſement des fiefs au
dixième ſiècle ſeulement ; & ce que
les mêmes Hiſtoriens appellent foi &
hommage , dans la conceſſion du
Royaume d'Aquitaine, ne pouvoit être
qu'une reconnoiſſance de la Souveraineté, & la promeſſe de fidelité que
tout ſujet devoit au Roi independamment du bénéfice, comme le remarquent les mêmes Hiſtoriens (1). Auſſi
la Charte de 845 n'en parle que comme d'un ſerment de fidelité qui avoit
été renouvelé pluſieurs fois par Vaifre, *Sacramenta fidelitatis.*

100. Si la conceſſion du Royaume
de Touloufe & d'Aquitaine avoit été
faite à titre de fief , & ſous la foi &
hommage, en faveur des enfans de
Charibert, comme le prétendent les
nouveaux Hiſtoriens de Languedoc,
il ſembleroit d'abord que l'état des

______

(1) *Hiſt. gen. de Lang. liv.* 10, *n.* 124.

terres d'Aquitaine auroit changé, &
qu'elles feroient devenues féodales ;
mais outre que le fait ne peut pas être
vrai, comme nous l'avons montré,
parceque la conceſſion fut faite *jure
hereditario* oppoſé aux bénéfices ; que
les fiefs n'étoient pas encore connus,
& que l'on ne pratiquoit que les bénéfices, qui ſont différens des fiefs ; d'ailleurs Dagobert ne céda, & ne pouvoit
céder, que les droits qu'il y avoit. Or
les terres étant poſſédées auparavant
par les particuliers, libres & franches,
cette conceſſion, en la conſidérant
comme un fief, n'auroit pas pu leur
nuire, ni rendre féodaux que les droits
tranſportés à Boggis & à Bertrand,
c'eſt-à-dire les droits domaniaux, &
la juſtice. Bien plus, les Hiſtoriens du
Languedoc (1) aſſurent que toutes
les terres étoient poſſédées en 712, en
Franc-Alleu, les loix des Viſigots, non
plus que celles des Romains, ne faiſant
aucune mention de droit féodal, ni de
juſtice ſeigneuriale ; & ce qui confirme
cette vérité d'une manière inconteſtable, c'eſt que cette conceſſion comprend Touloufe aux divers autres pays

---

(1). *Hiſt. gen. de Lang. liv.* 7, *n.* 93.

du Languedoc, dont les (1) nouveaux Hiſtoriens de cette Province font le dénombrement.

101. Cependant on ne révoque pas en doute que le Languedoc ne ſe ſoit toujours maintenu dans la franchiſe naturelle & primitive de ſes terres, & qu'il ne ſoit regardé comme pays de Franc-Alleu ſans titre, non par privilége, ou conceſſion, mais pour avoir toujours conſervé ſa liberté originaire: auſſi on ne peut pas raiſonner, au ſujet de cette conceſſion ſur l'Aquitaine, d'une autre manière que ſur le Languedoc : parceque le même titre embraſſe l'un & l'autre, ou du moins une grande partie. Si donc le Languedoc ne perdit pas alors la franchiſe de ſes terres, l'Aquitaine ne la perdit pas non plus. Et l'on doit dire la même choſe du traité fait en 736 (2) entre Hunaud fils, & ſucceſſeur d'Eudes (3),

____

(1) *Hiſt. gen. de Lang.* *liv.* 7, *n,* 13. *Voyez ſuppl. n.* 97.

(2) *Hiſt. gen. de Lang, liv.* 8 , *n.* 29.

(3) *Le P.* Jourdan , *Hiſt. de France liv.* 29, *tom* 3, *p.* 644, dit, après le Continuateur de Frédégaire , & les annales de Metz, que Ghilperic II, étant en guerre avec Charles Martel, envoya des Ambaſſadeurs à Eudes, Duc d'Aquitaine, avec des préſens, & pour lui offrir toute l'Aquitaine à titre de Souveraineté, afin de l'engager de ſe déclarer ennemi de Charles Martel, & de ſe joindre à lui Chil-

Duc

Duc d'Aquitaine, & Charles Martel, par lequel Hunaud qui, ſuivant les traces de ſon père, prétendoit poſſéder cette Province en toute ſouveraineté, en demeura paiſible poſſeſſeur ſous le titre de Duc, à condition néanmoins, qu'il tiendroit ſes Etats ſous la dépendance de Charles Martel, de Carloman & de Pepin ſes enfans ; car il n'exigea qu'un ſimple ſerment de fidélité pour le gouvernement d'Aquitaine, comme le remarque *le P. Jourdan* (1), ou ſi l'on veut, ce ne fut qu'un renouvellement de la condition impoſée à Charibert dans la première conceſſion dont il a été parlé (2), & qui par conſéquent n'ajoute ni ne change rien par rapport à la liberté des terres poſſédées par les Aquitains.

---

peric. De là vient ſans doute que les ſucceſſeurs d'Eudes prétendirent poſſéder cette Province en toute ſouveraineté. En effet Frédégaire, *cap.* 107, après avoir parlé de l'ambaſſade envoyée à Eudes par Chilperic & Ragenfoy, ajoute, *regnum amunera tradunt.*

(1) *Hiſt. de Franc. t* 3. *pag.* 709.

(2) *Suppl. n.* 97.

SECTION III.

Cinquième Époque du Gouvernement de l'Aquitaine érigée de nouveau en Royaume par Charlemagne.

102. Apre's les différentes guerres qui s'allumèrent entre Vaifre, Duc d'Aquitaine, & Pepin le Bref & Charlemagne fon fils, dont les Hiftoriens du Languedoc (1) font le détail, l'Aquitaine, & le Royaume de Touloufe, furent réunis à la Couronne, fans néanmoins aucun changement (2) par rapport à la franchife des terres poffédées par les particuliers. Quelques années après le Roi Charlemagne (3) érigea l'Aquitaine en Royaume en faveur de Louis le Debonnaire, & le fit couronner à Rome par le Pape Adrien I. en 781. Ce Royaume eut

(1) *Hiftoire générale de Languedoc*, t. 1, p. 417 *& feq.*

(2) *Voyez* Catel, *Mémoires du Lang.* p. 534 *& feqq.* p. 540 *& feqq.* la Charte de Charles le Chauve

de l'an 845 rapportée au t. I. de l'Hift. gén. de Lang. aux preuves, p. 85 *& feqq.*

(3) *Hiftoire générale de Languedoc*, liv. 8, n. 82, 91; *& liv.* 9. n. 141.

plus d'étendue qu'il n'en avoit eu d'abord fous les Vifigots , & enfuite fous le Roi Charibert. Outre l'Aquitaine propre , ou les deux Provinces Ecclé-fiaftiques de Bourges & de Bordeaux , le Touloufain , & la Novempopula-nie ou Gafcogne , il l'étendit fur la Septimanie ou Gothie , & fur les con-quêtes que Charlemagne avoit faites en Efpagne fur les Sarrafins , entre l'Ebre & les Pyrénées.

103. Ce nouvel établiffement n'ap-porta aucun changement à l'état ni à la franchife des biens poffédés par les habitans de ce Royaume ; parceque , comme nous l'avons dit , les fiefs étoient inconnus , & que le Roi ne pouvoit pas préjudicier aux droits, ni à la franchife des biens fur lefquels il n'avoit que la fouveraineté , & dont la pleine propriété appartenoit aux Poffeffeurs. Independamment de ces raifons , nous en avous la preuve dans l'acte de partage que le Roi Louis le Debonaire fit de fes Etats avant la naiffance de Charles le Chauve en 817, entre fes trois enfans, Lothaire, Pepin & Louis , rapporté dans le Re-cueil des Capitulaires de Balufe (1).

______

(1) *Capitular.* Baluſii *, tom.* 1. *pag.* 575.

M 2

Pepin eut pour lui l'Aquitaine, proprement dite, la Gascogne, toute la Marche de Toulouse, & quatre Comtés, savoir, de Carcassonne, d'Autun, d'Avalon & de Nevers dans le Royaume de Bourgogne. La Baviere, & une partie de la Germanie, échurent à Louis. L'Empereur réserva le reste de la Monarchie pour Lothaire son aîné qui devoit lui succéder à l'Empire. Et par un autre article, qui prouve la proposition que j'ai avancée, l'Empereur défend à tous les sujets de sa domination, de tenir après sa mort des bénéfices que d'un seul des Princes ses enfans (1), pour prévenir par-là, les divisions qu'un usage contraire pourroit faire naître ; mais il leur permet en même temps de posséder partout ailleurs, & dans les Etats des autres Princes, leurs biens propres & héréditaires, chacun suivant sa loi. Ce qui fait voir qu'ils n'étoient pas obligés de faire hommage à personne à raison de ces biens, qui étoient de véritables Alleus ; car autrement il auroit détruit par cette permission, la défense qu'il avoit faite à ses sujets de

_____

(1) *Capitul. Baluf. t.* 1 *, p.* 576 *, art.* 9.

posséder des bénéfices des uns & des autres en même temps, pour prévenir les divisions. Ce prince permet de plus à tout homme libre & sans Seigneur, de se soumettre à celui des trois Princes ses enfans qu'il voudroit choisir : preuve certaine que le Franc-Alleu étoit alors en usage dans toute la France, & par conséquent dans l'Aquitaine. L'érection de ce Royaume n'y avoit donc pas dérogé. Du reste, les autres partages (1) que le même Empereur fit entre ses enfans en 835 & 837, qui sont rapportés par Baluse, & dont les Historiens (2) font mention, n'ont pas non plus dérogé à la franchise de la Guienne ; parcequ'ils ne disposent que des Royaumes & des droits Domaniaux, & non des biens des particuliers.

---

(1) *Capitul. Baluf. t.* 1. *p.* 685.
(2) *Hift. gén. de Lang. liv.* 9 , *n.* 131 , 137 , 139.

Mezeray , *Abrégé chronol. tom.* 1 , *p.* 305 *de l'édit de* 1688.

SECTION IV.

Sixième Epoque du Gouvernement de l'Aquitaine après la réunion à la Couronne.

104. PEPIN (1), Roi d'Aquitaine, mourut laissant deux fils, Pepin & Charles : celui-ci fut arrêté de l'ordre de Charles le Chauve, son oncle, qui le fit enfermer dans le Monastère de Corbie. Il fut, quatre ans après, Archevêque de Mayence. Pepin qui avoit été exclu du Royaume d'Aquitaine par le jugement de Louis le Debonnaire, son grand-père, lequel avoit engagé les Aquitains à prêter le serment en faveur de Charles le Chauve, fut aussi confiné dans le Monastère de saint Medard (2), d'où s'étant évadé, il roda quelque temps, & se mit avec les Normands (3); mais ayant été repris, il fut resserré fort étroitement

____

(1) Mezeray, *Abrégé chronol. tom* 1, *p.* 306, 307, 325, 326, 327. *Voyez* Auteferre, *rerum Aquitanicarum*, *lib.* 8, *cap.* 3.

(2) Mezeray, *ibid*
(3) Louvet, *histoire de Guienne*, *ch.* 8, *n.* 4, *hist. gén. de Languedoc*, *liv.* 10, *n.* 55.

dans le Monaſtère de Senlis en 858 ,
par où le Royaume d'Aquitaine revint à Charles le Chauve (1), qui le
donna à Louis le Begue , ſon fils , en
865 , lequel le réunit à la Couronne
en 877 , & le fit gouverner par des
Ducs & des Comtes (2), qui étoient,
non héréditaires , mais deſtituables à
volonté ; & ce gouvernement , ſous
l'autorité du Roi, dura juſqu'au règne
de Charles le Simple, que les Ducs (3)
& les Comtes uſurpèrent leurs Gouvernemens , s'emparèrent des droits
régaliens, & les rendirent héréditaires
ſelon *Iouvet* & *Dupleix* (4) : mais les
Auteurs de la nouvelle Hiſtoire du
Languedoc prétendent que ces uſurpations commencerent ſous le règne
de Louis le Bègue.

105. Quoi qu'il en ſoit, l'époque
de ces uſurpations eſt indifférente ,
& il eſt facile de comprendre que, ni
le retour du titre de ce Royaume à
la Couronne de France, ni le gouver-

---

(1) *Hiſtoire générale de
Langued. liv.* 10 , *n.* 102 ,
109.
 (2) Auteſerre , *rerum
Aquitanic. lib.* 8 , *cap.* 4.
 (3) Auteſerre, *de duci-
bus & comitib. Provinc.*

lib. 1 , *cap.* 5. Voyez *les
Auteur cités ſup n.* 52,53.
 (4) Dupleix, *en la vie
de Hugues Capet, tom.* 2 ,
p. 10. Louvet, *Hiſtoire de
Guienne , ch.* 8 , *in fine.*

nement des Ducs non héréditaires, ne donnèrent aucune atteinte à la liberté des terres poſſédées par les Aquitains, & ne détruiſirent pas le Franc-Alleu. Ce qui le prouve, c'eſt qu'en 864 (1) Charles le Chauve, par une conſtitution faite à la Diète tenue au Palais de Piſtes ſur la Seine, & dans le Diocèſe de Rouen, confirma ceux des peuples qui ſuivoient les loix Romaines, dans l'uſage où ils étoient de s'en ſervir, *de illis autem*, dit l'article 28, *qui ſecundùm legem Romanam vivunt, nihil aliud niſi quod in eiſdem continetur legibus definimus*, & que pluſieurs Capitulaires poſtérieurs, que nous rappellerons bien-tôt, & une infinité d'autres qui ſont rapportés par *Chantereau le Fevre* (2), font mention des Alleus.

---

(1) *Capitular. Baluſii.* (2) *De l'origine des*
tom. 2, *col* 188, *Hiſtoire   fiefs, aux preuves.*
gén. de Lang. liv. 10, *n.* 95.

CHAPITRE

CHAPITRE VII.

Examen de la cinquième Source.

Y a-t-il une conceſſion générale de toutes les terres du Royaume, à titre de fief? Y a-t il quelque loi générale du Royaume qui, en ſuppoſant une telle conceſſion, ait établi la Seigneurie féodale univerſelle dans tout le Royaume?

106. LORSQUE nous avons examiné ci-deſſus, la forme du partage des terres des Gaules après la conquête, en diſcutant la ſeconde ſource, nous avons prouvé qu'il étoit impoſſible que les Conquérans, qui ne ſe réſervèrent la propriété que d'un tiers, & qui laiſsèrent les autres deux tiers aux ſoldats ou aux peuples vaincus, à titre d'Alleu & de pleine propriété, aient fait une conceſſion générale de toutes les terres à titre de fief. Il ſeroit ínutile de répéter ce que nous avons dit.

Il ne reſte donc qu'à voir ſi, depuis la conquête, nos Rois ont porté quelque loi générale pour établir cette Sei-

N

gneurie féodale & univerſelle. A la vérité certains Auteurs ont prétendu que le Franc-Alleu avoit été générale-ment detruit dans toute la France, par une conſtitution du Roi Charles le Chauve de l'année 847 (1) , qui porte : *Volumus etiam , ut unuſquiſque liber homo in noſtro regno , ſeniorem qualem voluerit in nobis , & in noſtris fidelibus accipiat.* C'eſt ſur cette conſti-tution qu'eſt fondée cette loi préten-due que certains Auteurs (2) appellent loi Royale , ſelon laquelle ils ſoutien-nent , que le Roi a la Seigneurie di-recte de tout le domaine, fiefs , terres & pays de ſon obéiſſance, & c'eſt de-là que les Seigneurs ont pris prétexte de faire valoir dans les derniers temps, la maxime , *nulle terre ſans Seigneur,* qui eſt bien vraie à l'égard de la juriſ-diction , parcequ'on ne peut point poſſéder la juſtice en Franc-Alleu ; mais non à l'égard des fiefs & des devoirs Seigneuriaux, dont cette maxi-me n'entend point parler, comme l'ont fort bien prouvé pluſieurs Auteurs,

(1) *Capitular. Baluſii ,* dom. 2 , p. 44 ; art. 2.
(2) Corbin, *du droit de* patronage. *Traité des fiefs,* ch. 5 , loi 1 , p. 564,

& entr'autres, *Dominici*, *Basnage* (1),
& une foule d'autres.

107. Mais, pour bien comprendre le sens de cette constitution, il faut savoir que, du temps de Charles le Chauve, & auparavant, les hommes de condition libre se croyoient dispensés de servir les Rois dans leurs armées, à moins qu'ils ne tinssent d'eux quelque bénéfice (2), & ceux qui ne possédoient que des Alleus prétendoient n'être obligés d'aller à la guerre que quand il s'agissoit de défendre leur patrie. *Oihenard* (3) rapporte le serment de fidélité de Grax Bassia, Seigneur de Lux, à Thomas, Roi de Navarre, de Champagne & de Brie, qui prouve cette vérité. Ce Seigneur de Lux qui tenoit des bénéfices du Vicomte de Tartas, après avoir promis la fidélité & les services au Roi de Navarre, ajoute, qu'il n'y sera obligé que tandis qu'il tiendra le bénéfice, à raison duquel il se soumettoit à la fidélité & aux services en faveur du

---

(1) Dominici, *de prærogat. allod. cap.* 13 *&* 14. Basnage, *sur l'art.* 102 *de la coutume de Normandie,* p. 172 *de la première édit.*

(2) Dominici, & Basnage. *Ibid.*

(3) Oihenard, *notitia utriusque Vasconia, lib.* 2, *cap.* 12, *p.* 264, 265.

Roi de Navarre : *Et todas eſtas coſas qui deſus ſon dictas tendré & complirey ben, & legalment, tanto com a vos plazdra, que yo tiengo bienfeito de vos, & otroſſi quanto a mi ploguiere, que yo tienga voſtro bienfeito, que del dia, que me tolliextes voſtro bienfeito que yo non vos ſea tenido en rem delas ditas convenienças.* Le même (1) Oihenart rapporte encore, que les Seigneurs Gaſcons, appellés *Ricos*, en langue du pays, c'eſt-à-dire Riches, avoient la liberté de ſe ſouſtraire, comme ils vouloient, à la puiſſance du Roi. Il fut même permis aux François, par le nouveau partage fait en 8 7 (2) par Louis le Debonnaire entre ſes enfans, après la mort de leur Seigneur, de ſe mettre ſous la protection de tel autre qu'ils voudroient choiſir dans les trois Royaumes, dont les Etats de ce Prince étoient compoſés : *Ut unuſquiſque liber homo poſt mortem domini ſui licentiam habeat ſe commendandi inter hæc tria regna ad quemcumqne voluerit, ſimiliter & ille qui nondum alicui commendatus eſt.*

---

(1) Oihenard, *ibid.* p. 266.

(2) *Capitular. Baluſii, tom.* 1, *p.* 687, *art.* 6.

108. Pour remédier (1) à ce dé-
fordre , Charles le Chauve fit deux
conftitutions. Par la première , il voulut que perfonne ne fût exempt du fervice militaire (2), *fed ut liberi homines*
fecundùm qualitatem proprietatis (3)
exercitare debeant , que ceux qui poffédoient des Alleus fuffent obligés de
fervir à la guerre felon la qualité &
la valeur des Alleus (4) , & quand ils
n'avoient pas des facultés fuffifantes ,
on les uniffoit deux ou trois , ou quatre
enfemble , qui contribuoient à la dé-
penfe de celui d'entre eux qui devoit
porter les armes.

109. Par l'autre conftitution qui fut
faite lors du traité de paix entre Charles
le Chauve , Lothaire & Louis , fes frères , il fut ordonné que chaque homme libre fût tenu de fe choifir un Seigneur tel qu'il voudroit (5) : *Volumus*
etiam ut unufquifque liber homo in
regno noftro feniorem qualem voluerit in

---

(1) Bafnage , Dominicï ,
ibid.

(2) *Capitular. Balufii ,*
tom. I , p. 489 , cap. I.

(3) Ce mot *proprietatis*
fignifie Alleu. Bignon , *fur*
Marculphe , apud Capitul.
Balufii. t. 2 , p. 875. Cafe-

neuve,*du Franc-Alleu,l.*1,
ch. 9,*n.* 4. Chantereau *aux*
preuves.

(4) *Capitular. Balufii ,*
tom 1,*p.* 489, *cap.* I.

(5) *Capitular. Balufii.*
tom. 2 , *p.* 44, *art.* 2.

nobis & noſtris fidelibus accipiat ; mais ce n'étoit pas un Seigneur de fief, l'uſage n'en étoit pas encore établi, c'étoit celui qui devoit être le Chef & le Capitaine de ceux qui étoient mandés à la guerre, & ils devoient ſe ranger ſous ſes étendards (1), ou, comme l'a cru *Chantereau le Fevre* (2), un Protecteur ſemblable au Patron des Romains par rapport à ſes Cliens (3). Et ce qui ne laiſſe aucun lieu de douter qu'il n'étoit nullement queſtion de fief, c'eſt que cette conſtitution permet à tout homme libre de ſe choiſir tel Seigneur qu'il trouve à propos. Or, ſelon la remarque du même Auteur (4), le ſens commun ne ſouffre pas qu'un homme riche puiſſe être contraint à donner au premier venu une partie de ſon héritage, & encore à un autre, ſe réduiſant ainſi en peu de temps à la pauvreté. Pour prévenir l'objection qu'on pourroit faire, que l'eſprit de

---

(1) Daniel, *Hiſt. de la milice Franç. liv.* 1, *ch.* 2, p. 16.

(2) Chantereau le Fevre, *liv.* 3, *de l'origine des fiefs, ch.* 3, *p.* 165 & 166.

(3) *Voyez* l'Hiſtoire critique de l'établiſſement de la Monarchie Françoiſe, *liv.* 6, *ch.* 5, *p.* 321 & *ſeqq.*

(4) Chantereau le Fevre, *ibid.*

cette conftitution eft , que l'homme libre en choififfant fon Seigneur étoit obligé de reconnoître tenir de lui les biens par lui poffédés, nous obfervons qu'elle ne parle point des biens de l'homme libre , & que la faculté du choix du Seigneur eft accordée à ceux qui ne poffédoient aucuns biens allodiaux , tout de même que ceux qui en poffédoient ; qu'ainfi , afin que le choix eût pu former un rapport féodal entre le Seigneur & l'homme libre qui n'avoit aucuns biens allodiaux , il auroit fallu , fuivant la penfée de *Chantereau le Fevre* , que le Seigneur eût pu être contraint de donner en fief partie de fon héritage à quiconque l'auroit choifi.

110. Plufieurs Conftitutions du même Roi , Charles le Chauve , prouvent inconteftablement que celle de 847 , fur laquelle on veut fonder la maxime, *nulle terre fans Seigneur* , ne fut faite que pour affujettir les perfonnes de condition libre au fervice militaire. En effet, par celle de 856 , qui fut adreffée aux Aquitains , il fut permis à ceux qui avoient choifi un Seigneur ou Capitaine, de le quitter pour en prendre un autre , ce qu'on n'auroit pas pu faire s'il avoit été queftion d'un fief;

parcequ'on ne peut se dégager des obligations qu'il impose, qu'en le déguerpissant, de quoi la Constitution ne fait nulle mention (1). Voici de quelle manière parle l'art. 13. *Et mandat vobis noster senior, quia si aliquis de vobis talis est cui suus senioratus non placet, & illi simulat, ut ad alium seniorem melius quam ad illum acuptare possit, veniat ad illum, & ipse tranquillo & pacifico animo donat illi commeatum.* Le premier Seigneur étoit donc obligé de donner le congé à celui qui s'étoit mis sous ses étendards & sous sa protection; ce qui convient parfaitement à l'idée d'un Capitaine, par rapport à ses Soldats.

III. Par une autre constitution du même Roi (2) de l'année 873. art. 6, il est enjoint aux Comtes d'obliger tous les possesseurs des Alleus de promettre la fidélité au Roi : *Ut unusquisque Comes in Comitatu suo magnam providentiam accipiat, ut nullus liber homo in nostro regno immorari, vel proprietatem (3) habere permittatur, cujus-*

---

(1) *Capitular. Balusii.* tom. 2, p. 83, art. 13.

(2) *Capitul. Balusii,* tom. 2, pag. 230, art. 6.

(3) Ce mot ne signifie autre chose que ce que nous appellons Franc-Alleu. Caseneuve, *du Franc-Alleu.*

tumque homo fit, nifi fidelitatem nobis promiferit; & cette fidélité n'étoit promife qu'à raifon de la fouveraineté, comme le remarque Cafeneuve (1) & non à raifon de l'Alleu qui ne relève que de Dieu, quant à la propriété.

102. Enfin par une autre conftitution du même Prince de l'année 877, art. 10, (2) il eft dit: *Si aliquis ex fidelibus noftris poft obitum noftrum, Dei & noftro amore compunctus, fœculo renuntiare voluerit, & filium vel talem propinquum habuerit, qui reipublicæ prodeffe valeat, & valeat placitare, & fi in alode fuo quietè vivere voluerit, nullus ei aliquod impedimentum facere præfumat, neque aliud aliquid ab eo requiratur, nifi folùmmodò, ut ad patriæ defenfionem pergat.* Après quoi il ne refte aucune difficulté fur l'intelligence de la conftitution de 847, & l'on ne peut pas révoquer en doute, qu'elle n'a donné aucune atteinte aux Alleus, puifque les conftitutions poftérieures prouvent

---

liv. ch. 9, n. 4. Bignon, fur Marculphe, apud Capitular. Balufii, t. 2, p. 875.
(1) Cazeneuve, du Franc-Alleu, liv. 1, chap. 10, n. 9.
(2) Capitular. Balufii, tom. 2. p. 264.

qu'ils ont été laissés dans leur entier.
Pour ne rien laisser en arrière, & répondre aux objections, nous observe-
rons, que *Boulainvilliers* (1), a prétendu que Charles le Chauve établis-
soit la succession des bénéfices royaux.
Mais il paroit par ses termes, qu'elle
n'accorde qu'une simple permission à
ceux qui voudroient renoncer au siècle de laisser leurs bénéfices à ceux de
leurs enfans, ou de leurs parens, qui
seroient capables de servir l'Etat ; ce
qui est particulier en faveur de la Religion, & ne devoit pas par conséquent avoir lieu aux autres cas.

SECTION I.

*Septième Epoque. Du Gouvernement de
la Guienne sous les Ducs héréditaires,
jusques à ce qu'elle passa aux Anglois.*

113. Nous pouvons passer à la septième Epoque, que nous fixerons au
temps de la domination des Ducs héréditaires d'Aquitaine, jusques à l'année 1152, qu'Eléonore, fille de Guillau-

(1) *Hist. du gouvernement ancien, lettre 4, p. 293.*

me IX, selon (1) *Mezeray & Louvet*, ou de Guillaume X, selon les nouveaux Historiens de Languedoc, Duc d'Aquitaine, ayant été repudiée par Louis le Jeune, & ayant épousé Henri, Duc de Normandie, qui fut ensuite Roi d'Angleterre, la Guienne passa sous la domination des Anglois. Selon *Benedicti* (2), la Guienne ne comprénoit alors que les trois Sénéchaussées de Bourdeaux, de Bazas & des Landes; mais il y a apparence qu'elle étoit d'une plus grande étendue; ce qu'il y a de vrai, c'est que le Comte de Toulouse en possédoit une grande partie, comme nous le dirons plus bas, & notamment la Gascogne Toulousaine, telle qu'elle est désignée par *Oihenart* (3), & suivant les nouveaux Historiens du Languedoc (4), les Comtes de Toulouse dominèrent, soit directement ou indirectement, sur l'Aquitaine jusques aux Pyrénées, & au Duché de Gascogne du côté du Midi & du Couchant,

_____

(1) Mezeray, *Abrégé chronol.* t. 2, p. 557, 570, 571. *Hist. gén. de Lang.* Louvet, *Hist. de Guienne.*

(2) Benedicti, *traitat. de Ducatu Norm. n.* 18 & 34.

(3) Oihenart, *notitia utriusque Vasconia, lib.* 3, cap. u. p. 532, 533.

(4) *Hist. gén. de Lang.* liv. 18, n. 69.

& jufques à l'Ifere au Nord, ce qui comprend la plus grande partie de l'Aquitaine.

114. Ces Ducs héréditaires s'emparèrent des droits régaliens, & des Domaines du Roi; mais non pas des biens des particuliers. Ils ne firent non plus rien qui pût diminuer leur franchife. Ils avoient trop d'intérêt à fe ménager l'affection des peuples, afin de fe maintenir dans leur ufurpation, pour faire une innovation qui auroit été capable de les révolter, & de rompre leurs deffeins, en réclamant l'autorité du Roi, que les Ducs vouloient depouiller de fon Domaine : d'ailleurs les Hiftoriens n'en font aucune mention. Nous apprenons au contraire de ceux qui rapportent l'état de l'Aquitaine (1) fous le règne des Rois de la feconde race, qui dura jufques en 987, que les terres étoient poffédées en pleine propriété à l'exception de certaines qui avoient été données par les Rois à titre de bénéfice; & bien loin qu'ils euffent voulu donner atteinte à une liberté fi précieufe, (2) Mezeray

---

(1) *Hift. gén. de Lang.*
liv. 10, n. 121 & feq.

(2) Mezeray, *Abrégé*
shronol. t. 2, p. 460.

observe que les Seigneurs avoient les premiers donné les terres qui dépendoient d'eux, à leurs Vassaux, afin qu'ils fussent intéressés à les maintenir dans leur usurpation. On voit encore qu'il y avoit une troisième espèce de biens (1) qu'on appelloit *aprisio* & *aprisiones*, qui étoient des terres baillées héréditairement, exemptes de Cens & de Rente, & qui ne différoient des Alleus, qu'en ce que les héritiers étoient obligés de demander au Prince la confirmation de leur possession.

115. Nous pouvons donc assurer que pendant le règne des Rois de la seconde race, la Seigneurie féodale universelle ne fut point établie, & que le Franc-Alleu ne reçut point d'atteinte générale, nonobstant les différentes révolutions , quoique *Cazeneuve du Franc-Alleu liv.* 1, *chap.* 11, *&* 12, nous apprenne que beaucoup de terres qui étoient possédées en Alleu, furent converties en fiefs , soit par violence, soit par d'autres moyens: car on en use de même en Languedoc où le Franc - Alleu naturel s'est toujours

---

(1) *Hist. gén. de Lang. ibid. n.* 122. *Voyez* Domici & Cazeneuve.

confervé jufqu'à préfent. Il n'en reçut
pas non plus fous les Rois de la troifié-
me race, tandis que les Ducs héréditaires poffédèrent la Guienne, puifque
du temps même de Charles le Chauve
le droit de Juftinien qui établit encore
plus particulièrement la liberté, & la
franchife des terres, fuccéda au Code
Theodofien, qui avoit toujours été en
vigueur jufqu'alors, comme le prouve
Auteferre (1) par plufieurs autorités
précifes & inconteftables. Des faits,
des principes & des règles que nous
avons pofés ci-deffus dans la difcuffion
des cinq différentes fources d'où peut
dériver la Seigneurie féodale univerfelle, nous pouvons tirer cette conféquence, qu'elle n'eft point établie, &
par une fuite du même raifonnement,
on ne peut point la préfumer. Il faut
donc établir la féodalité fur des titres.
Mais pour ne pas équivoquer, & ne
pas choquer des établiffements faits &
reçus fans contradiction, nous difons,
par rapport aux pays coutumiers, que
dans ceux où la maxime *nulle terre fans
Seigneur* a été reçue par coutume locale,
elle doit fervir de titre fuffifant aux Sei-

____

(1) Auteferre, *rerum Aquit. lib. 3, cap. 13.*

gneurs, sans avoir besoin d'en rapporter d'autre ; qu'au contraire, dans les lieux où le Franc-Alleu a été admis comme naturel par la coutume locale, il faut s'en tenir à la disposition de ces coutumes : nous indiquerons ci-après, n. 188, les coutumes de l'une & l'autre espèce. Et qu'enfin, dans le pays où les coutumes n'en disposent point, quoique plusieurs Auteurs tiennent pour la liberté du Franc-Alleu & entr'autres, *du Moulin & M. le Maitre*, dans son Traité des amortissemens, *ch.* 5, & qu'ils aient même la vérité pour eux, néanmoins l'opinion la plus commune & la plus généralement reçue par les Auteurs est contraire à la liberté du Franc-Alleu ; sur quoi on peut voir *les Commentateurs sur la coutume de Paris, Bacquet, Pithou & le Grand, sur la coutume de Troyes, art.* 51, Buridan sur celle de Rheims art. 40, la Lande sur celle d'Orléans, art. 255, n. 15, & autres. En mon particulier je pense que dans les coutumes qui n'admettent, ni ne rejettent point le Franc-Alleu, c'est aux Seigneurs particuliers à prouver la mouvance qu'ils prétendent ; parceque les biens sont présumés libres & exempts de toutes charges, si le contraire n'est prouvé ; que tout demandeur doit établir le fondement de fa demande ; que la liberté eft un état naturel qu'il faut détruire en établiffant la charge ; que j'ai prouvé d'une manière claire, fi je ne me trompe, qu'il n'eft point arrivé d'événement dans le Royaume, qui ait établi ou introduit la Seigneurie directe univerfelle ; qu'enfin dans les pays qu'on appelle coutumiers, la loi Romaine eft le droit commun, quoi qu'en aient penfé quelques Auteurs, comme l'a fort bien prouvé *M. le Préfident Bouhier, dans fes Obfervations fur la coutume de Bourgogne, ch. 4.* Qu'ainfi les mêmes raifons qui militent pour les pays du droit écrit, militent pareillement pour les pays coutumiers. A l'égard des pays du droit écrit, tous les Auteurs conviennent, fi l'on en excepte le feul *Galand, dans fon Traité du Franc-Alleu,* qui avoit des raifons particulières pour foutenir l'opinion contraire, que le Franc-Alleu y eft naturel. Nous avons indiqué quelques uns de ces Auteurs dans le cours de cette differtation. Nous montrerons encore plus bas, que tous les pays du droit écrit jouiffent actuellement de la liberté du Franc-Alleu. Ainfi la difficulté ne peut être agitée

avec

ɛ avec quelque fondement , que par rapport à la Province de Guienne.

SECTION II.

Huitième Epoque. De la domination des Anglois dans la Guienne.

116. Sur les Epoques que nous avons diſcutées, il n'y a point de doute , que la liberté du Franc-Alleu n'ait été conſervée à la Guienne ; & ceux qui ſoutiennent l'opinion contraire du Franc-Alleu , touchant cette Province , n'inſiſtent pas beaucoup ſur les révolutions précédentes. Nous voici à la huitième Epoque qui doit embraſſer tout le temps de la domination des Anglois en Guienne ; c'eſt à cette Epoque qu'on rapporte la deſtruction totale du Franc-Alleu de cette Province & l'établiſſement de la Seigneurie féodale univerſelle.

117. On ſe fonde , 1°. ſur ce que pendant la domination des Anglois , toutes les terres de la Guienne furent rendues féodales ou emphitéotiques , à cauſe des différentes guerres & des troubles qui furent preſque continuels durant leur domination , & qui donnè-

rent lieu aux Seigneurs d'assujettir tou-tes les terres de cette Province. 2°. Et si tous les Seigneurs ne sont pas en état d'établir que les terres relèvent d'eux en fief, c'est parceque, selon eux, les Anglois ayant été chassés de cette Pro-vince ils en enlevèrent tous les titres, en sorte que n'étant plus en état de jus-tifier de leurs droits, il leur suffit d'éta-blir qu'ils sont Seigneurs justiciers, pour être en droit de se faire reconnoître par les possesseurs des terres qui sont dans l'étendue de leur justice, & d'en exiger les redevances, telles que les pos-sesseurs des terres voisines les payent ; & c'est ce qu'on appelle reconnoître de proche en proche. 3°. Ils ajoutent, que la Guienne ayant été conquise sur les Anglois, à supposer que ceux-ci ne l'eussent pas assujettie aux Droits Sei-gneuriaux, tandis qu'ils la tenoient, elle l'auroit été après la conquête des François, pour punir les Aquitains de leur perfidie envers le Roi, & de leur affection envers les Anglois.

118. Mais pour savoir si la préten-tion des Seigneurs est fondée, & si leurs raisons sont véritables, il faut exa-miner les faits tels que les Histoires nous les apprennent ; & pour le faire

avec plus d'ordre, il convient de diviser cette époque en deux temps. Le premier contiendra la domination des Anglois dans la Guienne, depuis le mariage d'Eleonore avec le Roi d'Angleterre, jusques à la première confiscation, ordonnée par le jugement de la Cour des Pairs de l'année 1202, & le deuxième, depuis que cette Province fut rendue aux Anglois par le Roi Louis IX, jusques à ce qu'ils en furent entièrement chaffés par le Roi Charles VII en 1451.

119. On doit donc obferver, par rapport au premier de ces deux temps, qu'après que le mariage de Louis le Jeune (1) avec Eleonore, fut declaré nul par fentence des Prélats du Royaume, affemblés à Baugency, Louis en renvoyant Eleonore lui rendit la Guienne, & il en retira les garnifons pour lui en laiffer la poffeffion libre ; qu'enfuite Eleonore s'étant mariée avec Henri, Duc de Normandie, qui fut bientôt après Roi d'Angleterre, cette Province paffa fous la domination des Anglois, & fut poffédée fous le titre de Duché

---

(1) Mezeray, *Abrégé chronologique*, t. 2, p. 570. Dupleix, *Hift. de France* en la vie de Louis le jeune, t. 2, p. 142.

relevant de la Couronne de France par le Roi Henri, & après sa mort par Eleonore ou ses enfans jusqu'en l'année 1202 (1), que Jean-sans-Terre, Roi d'Angleterre, & Duc de Guienne, ayant fait assassiner Artus de Bretagne son neveu, dont il étoit tuteur, Constance, mère de ce Prince, demanda justice au Roi Philippe de ce parricide commis dans ses terres, & sur la personne d'un de ses vassaux (2). Le Roi fit donc ajourner Jean à la Cour des Pairs, ou ne comparoissant pas, & n'envoyant personne pour s'excuser, il fut, par Arrêt de cette Cour, condamné, comme atteint & convaincu de parricide & de félonie, à perdre toutes les terres qu'il avoit en France, qui seroient acquises & confisquées à la Couronne, tous ceux qui le défendroient reputés criminels de Lèze-Majesté.

120. En exécution de cet Arrêt, le

---

(1) Mezeray, *ibid.* p. 612. Louvet, *Hist. de Guienne*, ch. 10, n. 2. Dupleix, *en la vie de Philippe II*, tom 2, p. 195, 196. Auteserre, *de Ducib. & Com. Provinc. lib.* 3. cap. 22. Benedicti, *Tractatus de Ducatu Normaniæ*, n. 27 & seq

(2) Du Haillan, *Etat des affaires de France, liv.* 3. fol. 262, 263. voyez *cap. novit.* 13 *extra de judiciis & ibi Molinæus.*

Roi Philippe (1), moitié par force, moitié par intelligence, lui ôta en 1203 presque toutes les terres de la haute Normandie, & l'année suivante il se rendit maître de toutes les villes de la basse Normandie presque sans coup férir. En même temps Guillaume des Roches, qui avoit quitté le parti de Jean, pour se donner à Philippe, lui assura les Comtés d'Anjou, du Maine & de Touraine, & Henri Clément, Maréchal de France, lui conquit tout le Poitou, à la réserve de Niort, Touars & la Rochelle. Selon (2) *Louvet* & *Auteserre*, la Guienne eut le même sort. L'Auteur de l'Abrégé Chronologique de l'Histoire d'Angleterre (3), prétend que la Guienne demeura alors au pouvoir des Anglois. Mais *Dupleix* (4) rapporte que tous les peuples de Guienne, à la réserve des Gascons, qui sont les peuples habitans entre la Garonne & les Py-

---

(1) Mezeray , *ibid.* pag. 612. Dupleix , *ibid.* p. 196. Auteserre , *ibid.* p. 278 , *Aquitani , Pictanes , Turones , Andes confestim in Philippi obsequium ierunt.*

(2) Louvet , *Hist. de Guienne* , ch 10 , n. 2 & ch. 11, n. 1. Auteserre, *ibid.*

(3) *Abrégé chronolog. de l'Hist. d'Anglet. tom.* 1, p. 206.

(4) Dupleix , *en la vie de Louis VIII,* t. 2, p. 237. *Voyez* du Haillan , *état des affaires de France* , *liv.* 3, *fol.* 263.

rénées, fe foumirent à l'obéiffance de
Louis VIII, après la prife de la Rochelle
en 1223. Il eft pourtant certain que la
Gafcogne fut depuis conquife fur les
Anglois ; cela paroît par le Traité de
Paix entre S. Louis & Henri Roi
d'Angleterre (1), lors duquel Henri
offroit la ceffion de la Normandie & de
l'Anjou en échange du Limoufin, du
Périgord & de tout ce que les François
avoient conquis au de-là de la Garonne. Il falloit donc que la Gafcogne, qui
eft au-delà de la Garonne , fût alors
au pouvoir des François , en tout ou en
partie.

121. Quoi qu'il en foit, cette confifcation, ni la manière dont le Roi Philippe & fes Succeffeurs réunirent à la
Couronne la Guienne & les autres Provinces que le Roi d'Angleterre poffédoit en France , ne changèrent point
l'état des poffeffions des Particuliers ,
& ne détruifirent pas leur Franc-Alleu,
comme l'a fort bien remarqué Autefe-
re (2) en ces termes : *Nobis fatis eft allo-*
dium illud vindicare Aquitaniæ , quod eft
beneficium juris civilis , quo Aquitania

---

(1) *Abrégé chronol. de*   (2) Auteferre , *rerum*
l'Hift. d'Angleterre , t. 1,   *Aquitan. lib.* 3, *cap.* 17.
p. 243, 243.

utitur, nec ejus improperium fero, qui Aquitanos jure allodii lapfos voluit ob perfidiam, & ftudium in partes Anglorum : fatis utique compertum Aquitaniam non fuo fcelere, fed infelici fato in Anglorum poteftatem veniffe, ipfamque fuis viribus ad Francos veniffe, eoque nomine multa de noftris regibus infignia privilegia meruiffe, adeo perfidia labem non tulit allodii juris multatione, cafuque. Deux ou trois raifons confirment d'une manière indubitable l'opinion de cet Hiftorien.

122. La première que la confifcation fut ordonnée pour les crimes particuliers du Roi Jean, d'où l'on peut tirer deux conféquences évidentes : l'une, que les poffeffeurs n'ayant point delinqué, ils n'ont pu être punis, parceque les peines doivent fuivre les Auteurs du crime (1) *Sancimus,* dit la loi 22, cod. de pœnis, *ibi effe pœnam ubi & noxia eft Peccata fuos teneant autores, nec ulterius progrediatur metus, quàm reperiatur delictum.* L'autre, que la confifcation n'a réuni à la Couronne que les Droits du Roi Jean fur les biens confifqués. Or n'ayant rien à voir fur les

____

(1) *L. 22, cod. de pœnis cap. quæfivit 2, extra de his quæ fiunt à major. part. capitul.*

biens allodiaux poſſédés par les habitans de la Guienne, les Rois de France, qui profitèrent de la confiſcation,
n'eurent non plus aucun Droit ſur les
mêmes terres allodiales.

123. La deuxième raiſon eſt priſe, de
ce que la Guienne s'étant ſoumiſe volontairement à l'obéiſſance de Louis
VIII. comme le rapporte *Dupleix* (1),
il n'eſt pas naturel de penſer, que ſes
habitans aient été punis par la privation
d'une franchiſe très précieuſe, tandis
que leur affection & leur bonne volonté méritoient une recompenſe.

124. On peut prendre une troiſième
raiſon très déciſive de ce que la Normandie & le Berry, qui ſont du nombre des pays confiſqués, comme conquis, ſe ſont conſervés dans la liberté
du Franc-Alleu, comme le prouvent
la coutume de Normandie (2), Baſnage dans ſon commentaire, & Chenu ſur Papon, qui atteſtent l'uſage du
Franc-Alleu pour le Berry. Cependant
il n'y a nulle apparence qu'on ait diſtin-
gué la Guienne de la Normandie & du
Berry, qui ont ſubi le même ſort. Et ſi.

____

(1) Dupleix, *en la vie*   de Normandie, *& ibi* Baſ-
de Louis.VIII, *t.* 2, *p.* 237.   nage, Chenu ſur Papon,
(2) *Art.* 192 *de la cout.*   *liv.* 13, *tit.* 2, *arrêt.* 3.

ces deux Provinces conservèrent alors leur franchise, on ne peut pas révoquer en doute que la Guienne ne la conservât pareillement, avec d'autant plus de raison, que Bourges étoit anciennement la capitale de la première Aquitaine.

125. On peut encore ajouter l'exemple des pays d'Albigeois, du Vélay, & du Gevaudan, qui, selon *Louvet* (1), faisoient partie de la Guienne confisquée sur les Anglois. Cependant ces pays, qui font aujourd'hui partie de la Province du Languedoc, se sont conservés dans la liberté du Franc-Alleu, nonobstant cette confiscation & ses suites.

126. Un autre exemple encore plus décisif, peut être pris du Bordelois (2), lequel s'est maintenu dans la liberté du Franc-Alleu, nonobstant toutes les révolutions de la Guienne, dont Bourdeaux est la capitale, & dont le Bourdelois faisoit partie. Par quel sort les autres contrées de la même province de

---

(1) Louvet, *Hist. de la Guienne*, ch 11, *n.* 3.

(2) *Voyez* les Arrêts de 1667, 1670, rapportés par la Peirere, *l. a. n.* 56, & celui de 1693 rapporté au Recueil de Pau, *tom.* 2, *p.* 253.

P

Guienne auroient-elles perdu cette franchife fi précieufe, fur tout, tandis que les Hiftoriens n'en difent rien, & que nous ne trouvons aucune trace, ni veftige de loi, ni traité, qui porte une dérogation générale du Franc-Alleu de la Guienne? Nous voyons au contraire que dans tout le temps elle s'eft gouvernée par la loi Romaine, qui, de l'aveu de tous les Auteurs (1), eft la bafe & le fondement du Franc-Alleu, parcequ'il établit pour règle, que les terres & poffeffions font libres de tous droits & fervitudes, fi le contraire n'eft juftifié par titres.

127. Nous remarquerons encore, que quand la Guienne paffa fous la domination des Anglois, les Comtes de Touloufe poffédoient (2) une grande partie de la Guienne, jufqu'aux Pyrénées & au Duché de Gafcogne, & que, felon *Oihenart*, l'Agénois, le Condomois, le Brouillois, & divers autres pays d'entre la Gafcogne & les Pyré-

---

(1) Ces Auteurs font rapportés par Cazeneuve, *du Franc-Alleu du Langued.* liv. 2, ch. 9, 10, 11. *Mémoires de M. de Bafville, Intendant de Languedoc,* *pag.* 139, 140.

(2) *Hift. gén. de Lang.* liv. 18, *n.* 69. Oihenart, *Notitia utriufque Vafconiæ,* lib. 3, cap. 12, p. 532, 533.

nées, appelés Gafcogne Touloufaine, appartenoient aux mêmes Comtes. Voilà pourquoi, les raifons que l'on prend contre le Franc-Alleu, de la domination des Anglois ne font d'aucune confidération par rapport aux terres que le Comte de Touloufe poffédoit dans la Guienne, lorfque cette Province paffa aux Anglois. Et quoique les grands Seigneurs euffent fait tous leurs efforts pour multiplier les fiefs en fe faifant un grand nombre de vaffaux (1), & pour diminuer les Alleus, toutefois une grande partie des biens de la Province étoient poffédés en Franc-Alleu au douzième fiècle : ce qui ne convient pas moins à la Guienne qu'au Languedoc ; foit parceque les Etats ou Domaines du Comte de Touloufe, poffeffeur d'une grande partie du Languedoc, s'étendoient dans la Guienne ; foit parceque ces deux Provinces étoient également régies par le droit Romain, comme nous l'avons dit, & que nous le prouverons encore plus particulièrement dans la fuite.

---

(1) *Hiftoire générale de Languedoc*, *liv.* 18, *n.* 74.

P 2

SECTION III.

Examen du deuxième temps de la huitième Epoque.

128. EXAMINONS présentement le deuxième temps de notre Epoque. Après la confiscation des Domaines que les Anglois possédoient en France, & que le Roi Philippe Auguste & ses Successeurs en eurent recouvré la possession, comme nous l'avons dit, ils demeurèrent unis à la Couronne jusques en 1255, que le Roi S. Louis, pour certaines considérations rapportées par (1) *Louvet*, rendit ou donna par un traité de Paix à Henri III, Roi d'Angleterre, le Duché d'Aquitaine, dont il ôta les hommages du Berry, d'Auvergne, du Velay, du Gevaudan, d'Albigeois, de Rouergue, de Poitou, d'Angoumois, de Saintonge & d'Agénois. Ensuite il délaissa les trois Sénéchaussées de Bordeaux, de Bazas & des Lan-

---

(1) Louvet, *Hist. de Guienne*, ch. 11, *n.* 1, 2, 3. Auteserre, *de ducib. & comitib. provinc. lib.* 3, *cap.* 21. V. Benedicti, *trac-* *tat. de ducatu Normaniæ*, *n.* 18 & 34. Du Haillan, *état des affaires de France*, *liv.* 3, *fol.* 263 *verso*,

nes, sous l'ancien titre de Duché de Guienne & Pairie. Mais (1) *Dupleix Auteserre* & *Mezeray*, assurent que ce traité ne fut fait qu'en 1259. & que S. Louis délaissa à Henri III, & aux siens, non seulement cette partie de la Guienne, qui est au delà de la Garonne, mais encore le Limousin & le Perigord. *Dupleix* ajoute même le Quercy, à la charge d'en rendre hommage-lige aux Rois de France. Cependant l'histoire d'Angleterre ne parle pas du Quercy. *Dupleix* (2) ajoute encore, que le Roi S. Louis se réserva l'hommage des terres que ses freres possedoient, & notamment Alphonse, & Jeanne Comtesse de Toulouse, du nombre desquelles terres étoient l'Agénois, le Condomois, le Brouillois, & le reste de la Gascogne Toulousaine, telle qu'elle est designée par *Oihenart* (3); mais il fut convenu que si l'Agénois re-

---

(1) Auteserre, *de ducibus & com. Provinc. lib. 3, cap. 22.* Dupleix, *en la vie de S. Louis, t 2, p 306.* Mezeray, *Abrégé chronol. tom. 2, p. 736. V. l'Abrégé chronol. de l'Hist. d'Angleterre, tom. 1, p. 243, 244.* Benedicti. *Ibid. V.* Da-niel, *vie de S. Louis, année 1259, tom. 4, p. 208, 209, de l'édition de 1729.*

(2) Dupleix, *tom. 2, p. 306.* Daniel, *ibid.*

(3) Oihenard, *notitia utriusque Vasconia, lib. 3, cap. 12, p. 532, 533.*

venoit à S. Louis par le décès d'Alphonse, & de Jeanne sa femme, ensemble tout ce que le même Alphonse tenoit au delà de Charente, Louis en ce cas rendroit le tout à l'Anglois, & cependant lui en payeroit le revenu annuellement (1), lequel fut apprecié pour l'Agénois à trois mil sept cents vingt-huit livres huit sols six deniers tournois; & à l'égard de l'hommage des Comtes d'Armagnac, Bigorre & Fesensac, que l'un & l'autre Roi prétendoit lui appartenir, il fut remis en arbitrage (2). Dans la suite (3) Philippe III ayant ratifié ce traité, délaissa l'Agénois à Henri III, Roi d'Angleterre, pour le tenir sous son hommage - lige, avec le Duché de Guienne. Et par un autre traité du mois de Mai 1325 le Roi Charles le Bel, après avoir fait saisir la Guienne faute d'hommage, la mit sous son obéissance excepté Bordeaux, Saint-Sever & la Réole, & en demeura possesseur, avec pouvoir d'y commettre des Gouverneurs : (4) mais en 1329, Edouard III

<hr>

(1) Dupleix, *ibid.*
(2) Daniel, *vie de Louis IX, année* 1259, *tom.* 4, *p.* 209 *de l'édition de* 1729.
(3) Dupuy, *des droits du Roi, p.* 130, 131. Benedicti, *Traffat. de Ducatu Normania, n.* 37.
(4) Dupuy, *ibid. p.* 132. Benedicti, *ibid. n.* 40.

fut reçu à la foi & hommage pour le Duché de Guienne. A l'égard du Bigorre, de l'Armagnac, & de Fesensac, les hommages de ces Comtés ne furent cédés aux Anglois que par le traité de Brétigni de 1360, qui ne fut pas même éxécuté à cet égard, les Seigneurs n'ayant pas voulu le soumettre à l'Anglois, comme nous le dirons plus bas.

129. Revenons à ce qui suivit le traité 1259 (1), Edouard I, Roi d'Angleterre, ayant fait diverses hostilités contre la France, le Roi Philippe le Bel le fit ajourner en 1249, à comparoître en personne à la Cour des Pairs, pour répondre sur les Actes de Félonie dont il étoit chargé. Edouard tâcha de s'excuser; mais ses excuses ayant été rejetées, la Cour des Pairs procéda contre lui par défaut & contumace; ensorte qu'après quelques délais, il fut declaré atteint & convaincu du crime de Félonie, pour la réparation duquel le Duché de Guienne fut confisqué selon les Historiens Anglois (2), ou selon d'autres, il y eut seulement un arrêt de main-mise.

---

(1) Dupleix, *en la vie de Philippe IV*, t. 2, p. 379. *Voyez* Mezeray, *Abrégé chronol.* t. 2, p. 777 & *seq.*

(2) *Abrégé chronol. de l'Hist. d'Angleterre*, t. 1, p. 275, 276. *V.* Mezeray, *ibid.*

P 4

130. Cette contrariété parmi les Hiſtoriens dans le rapport de la teneur de cet arret peut être facilement conciliée, ſi l'on fait attention que ſelon l'Hiſtorien d'Angleterre, il y eut une première citation contre Edouard en 1294, que cet Hiſtorien dit n'avoir point eu de ſuite à cauſe d'un accommodement qui ſurvint, & de la ſoumiſſion d'Edouard, qui conſentit que la Guienne fût remiſe au pouvoir de Philippe, à condition que celui-ci s'engageroit en préſence de témoins, à l'obſervation des art. convenus par l'accommodement, & qu'en conſéquence, il fut expédié des ordres pour mettre Raoul de Nêle, connétable de France, en poſſeſſion de la Province de Guienne, ce qui fut executé ; mais quand il fut queſtion de reſtituer, aux termes du Concordat, Philippe le refuſa, fit citer de nouveau le Roi d'Angleterre en 1296, & fit prononcer par ſon Parlement la confiſcation de la Guienne, à quoi s'accorde le P. Daneil (1) : d'où il eſt aiſé de comprendre qu'il y eut deux arrêts ; le premier en 1294, qui ordonna la main-miſe ; & l'autre en 1296, qui prononça la confiſcation de la Guienne.

____

(1) Daniel, *Hiſtoire de France.*

131. Quoi qu'il en soit, il est certain que la Guienne revint au Roi Philippe, soit par conquête, comme le prétend *Dupleix* (1), soit du consentement du Roi Edouard, selon l'Historien d'Angleterre (2). Mais elle fut rendue à Edouard II par le traité de mariage d'entre lui & Isabelle de France, fille de Philippe le Bel, en 1307 (3), néanmoins sous l'hommage à la Couronne de France, & en la qualité que les Anglois la possédoient auparavant, selon les expressions de *Dupleix.*

132. Nous avons vu ce qui s'étoit passé au sujet de la Guienne en 1325 & 1329. Il convient de parcourir les autres événemens considérables qui ont suivi. Il faut donc observer que le Roi Jean ayant été défait à la bataille de Poitiers en 1356, & retenu prisonnier, demeura au pouvoir des Anglois pendant quatre ans, & jusques au traité de Brétigni fait en 1360, pour sa délivrance, par lequel traité il fut conve-

---

(1) Dupleix, *en la vie de Philippe le Bel, tom* 2, p. 380.

(2) *Abrégé chronol. de* l'Hist. *d'Angleterre, ibid.*

(3) Dupleix, *ibid. pag.* 381. Louvet, *Histoire de Guienne, ch* 11. *Abrégé chronol. de l'Hist. d'Angleterre, tom.* 3, p. 287.

nu, selon les paroles de l'Historien (1) qui le rapporte, que *ledit Roi Edouard auroit comme ledit Roi Jean, ou aucun de ses prédécesseurs Rois de France avoient tenu, savoir, ce qu'en souveraineté, en souveraineté ; ce qu'en Domaine, en Domaine ; Poitou, hommages de Touars, terre de Belleville, Saintonge, deçà & delà Charente, l'Agénois, Perigord, Limosin, Quercy, les pays de Tarbe & de Rouergue, Angoumois, Comtés de Bigorre & Gauré ; & s'il y avoit aucuns Sieurs, comme les Comtes de Foix, Armagnac, l'Isle, Perigord, Vicomté de Limoges, ou autres ayant titres dans les limites desdits Seigneuries, ils en feroient les hommages, sermens & devoirs audit Roi Edouard & ses Successeurs, en la manière qu'ils avoient fait par le passé.* Le reste est inutile.

133. Les Seigneurs hommagers prétendant que le Roi n'avoit pas pu aliéner la souveraineté, selon *Froissart* (2), ne voulurent pas rendre hommage au Roi d'Angleterre, comme le rapporte

(1) Dupleix, *en la vie du Roi Jean*, t. 2, p. 541. V. Mezeray, *Abrégé chronol.* t. 3, p. 60.

(2) Froissart, tom. 1, chap. 214.

du Haillan (1) , quoiqu'il en eût été expreſſément convenu par le traité de Brétigni ; ainſi ce traité demeura à cet égard ſans exécution ; par où les Comtés & Vicomtés poſſédés par les Seigneurs particuliers nommés dans ce traité , ne paſsèrent pas réellement ſous la domination des Anglois.

134. Enſuite le Prince de Galles , à qui le Roi Edouard ſon père avoit donné la Guienne , ayant impoſé un tribut ſur la Guienne ſous le nom de Fouage , à raiſon de vingt ſols par ſeu , les Gaſcons qui ne voulurent pas s'aſſujettir à cette nouvelle impoſition , en appelèrent devant le Roi Charles V , comme Seigneur Souverain , auquel ils firent diverſes plaintes contre la domination tyrannique du Prince de Galles dans la Guienne. Ces remontrances qui furent prononcées par le Comte d'Armagnac , Chef des mécontens , ſont rapportées au long par *Dupleix* (2).

135. Ces plaintes des Gaſcons furent favorablement accueillies du Roi , qui leur fit expédier des lettres d'appel le 25 Janvier 1368. Alors l'année ne

---

(1) Du Haillan , *en la vie du Roi Jean,* p. 838.

(2) Dupleix , *en la vie de Charles V, t.* 2, p. 577.

commençoit qu'au mois de Mars. Pour calmer cette tempête, le Prince de Galles (1), fit expédier des lettres fcellées du Sceau d'Angleterre, par lefquelles il fupprima le fubfide qu'il avoit impofé, & il maintint la Province & Duché de Guienne en tous fes priviléges, immunités & franchifes. Mais les mécontens ne laifferent pas de pourfuivre le jugement de leurs plaintes & de leur appel. Ce qui donna lieu à diverfes hoftilités qui furent fuivies d'un arrêt de la Cour des Pairs du 14 Mai 1370, felon *Dupleix* (2), ou de l'année 1369, felon d'autres (3), par lequel Edouard, Roi d'Angleterre, & Edouard, Prince de Galles, père & fils, furent déclarés atteints & convaincus du crime de félonie. La Guienne & toutes les terres qu'ils poffédoient en France, furent confifquées. En exécution duquel arrêt le Roi conquit prefque toute la Guienne, en forte qu'en 1377, l'Anglois ne poffeda de places importantes (4) que Calais dans la Belgique, Bordeaux & Baïonne dans la Guien-

---

(1) Dupleix, *en la vie de Charles V*, t. 2, p. 579 & 582.

(2) Dupleix, *ibid.* p. 582.

(3) Dupuy, *des droits du* Roi, pag. 132. Mezeray, *Abrégé chronol.* t. 3, p. 80.

(4) Mezeray, *ibid.* p. 96, 97.

ne, & Cherbourg en Normandie, qui
lui fut vendu par le Roi de Navarre.

SECTION IV.

Réunion de la Guienne à la Couronne
de France par la conquête faite sur
les Anglois.

136. DEPUIS la defcente des Anglois (1) en France en l'année 1415,
& la prife de Harfleur, ils firent de fi
grands progrès par leurs armes & par
les traités d'Arras & de Troyes des années 1419 & 1420, que lors de la mort
de Charles VI, ils poffédoient la plus
grande partie de la France, favoir, la
Normandie entière, & tout le pays qui
eft depuis l'Efcaut jufques à la Loire &
à la Saone; & Charles VII, à fon avé-
nement à la Couronne, tenoit feulement tout ce qui étoit outre la Loire,
à la réferve de la Guienne. Après divers événemens dont le détail feroit inutile, & la levée du fiège d'Orleans,
le Roi Charles VII, (2) trouva le

---

(1) Mezeray, *Abrégé*   *droits du Roi*, p. 132.
chronol. t. 3, p. 192 *& feq.*   (2) Mezeray, *ibid,*
& pag. 231, Dupuy, *des*   p. 268 *& feq.*

moyen de regagner la plus grande partie du pays que les Anglois tenoient. Ensuite il entreprit en 1449, de chaffer entièrement les Anglois du Royaume. Les Armes du Roi furent heureufes. Dans peu de temps il fe rendit maître de plufieurs places de la Guienne du côté des Pyrénées (1). Le gain de la Bataille de Fourmigni procura la conquête de toute la Normandie en 1450 (2); l'année fuivante les arméés du Roi fous la conduite des Comtes de Dunois, de Ponthieu, de Foix & d'Armagnac, attaquèrent la Guienne par les quatre coins. Les Anglois furent battus & pouffés par-tout, tellement que n'ayant plus de places confidérables, que Fronfac, Bordeaux & Baïonne, comme le Comte de Dunois affiégoit Fronfac, ils capitulèrent de rendre ces trois places, fi dans un certain delai, ils n'avoient en campagne, & près de Fronfac, une armée capable de donner Bataille & de faire lever le fiége.

137. Les conditions du traité qui fut fait le 12 Juin 1451, tel qu'il eft rap-

----

(1) Mezeray, *ibid.* *Abrégé chronol. de l'Hift.* p. 272, 273. *d'Angleterre, t. 1, p. 476,* (2) Mezeray, *ibid.* 477. Dupleix, *tom. 2, p.* 878.

porté par *Dupleix* (1), font *que les Bor-*
delois & les Deputés des trois Etats de
Guienne s'obligèrent de rendre tant la
ville de Bordeaux & Château de Fron-
fac, que les autres villes & places qui
tenoient encore pour l'Anglois, fi dans
le 23 *du même mois, veille de S. Jean*
Baptifte, le fecours d'Angleterre n'ar-
rivoit fi puiffant, qu'il pût faire lever le
fiége aux François ; que cependant dès le
lendemain de ce traité, les places, & châ-
teaux de Vaires, Caftillon, Rions, S.
Macaire & Blagnac feroient mifes en la
main des François ; à la charge que fi
les Anglois, dans ledit temps, fe trou-
voient fi forts, qu'ils fiffent lever le fiège
de Fronfac, lefdites cinq places feroient
rendues, favoir, Vaires, Blagnac &
Caftillon au Captal de Buch, & Rions &
S. Macaire aux habitans de Bordeaux ;
Que la ville de Bordeaux, & pays de
Guienne, & de Gafcogne feroient main-
tenus en leurs Coutumes, Priviléges
& Immunités, *& ne pourroient être*
chargés d'aucunes tailles, impofitions
ni fubfides outre les anciens devoirs ;
Qu'un Parlement feroit établi en ladite
ville pour y adminiftrer fouverainement

---

(1) Dupleix, *en la vie de* Charles VII *, t.* 2 *, p.* 879.

la justice pour toute la Province ; Que le Roi feroit battre monnoie en ladite ville , & permettroit pour un ou deux ans encore le cours de celle qui y couroit pour lors ; Que ceux qui voudroient s'en aller habiter en Angleterre , ou ailleurs , pourroient emporter tous leurs biens , meubles, or & argent ; & que les immeubles feroient acquis à leurs plus proches Parens , qui voudroient demeurer dans ladite ville fous la domination Françoise. Que les Anglois pareillement pourroient fe retirer avec leur équipage & meubles en Angleterre ou à Calais par mer ou par terre.

138. Les fecours n'étant pas venus aux Anglois dans le temps préfix (1), les places affiégées & le refte de la Guienne furent délivrés au Roi en exécution de ce traité ; enforte qu'il ne refta aux Anglois dans le Royaume de France, que Calais & le Comté de Guines , qui furent conquis en 1557 (2), & depuis les Anglois n'ont plus rien poffédé dans la Guienne.

139. Il eft vrai que l'année d'après

(1) Mezeray , *Abrégé chronol. t. 3 , pag. 275.* *Abrégé chronol. de l'Hift.* *d'Anglet. t. 1, p. 476, 477.* (2) Dupuy , *des droits du Roi , p. 133.*

le traité de Bordeaux , les habitans de cette ville attirèrent les Anglois (1) & leur ouvrirent les portes ; ce qui donna occafion à ces ennemis de la France de s'emparer de plufieurs places de la Guienne ; mais ils en furent chaffés de nouveau, ces places furent reprifes, & le Roi Charles VII s'étant faifi de toutes les avenues de Bordeaux , & ayant fait le dégât jufqu'aux portes, les Bordelois députèrent vers Sa Majefté pour demander leur grâce, avec proteftation de lui être à l'avenir très-fidè-les. Quoique le Roi eût réfolu de punir très févèrement cette ville pour fa défection , les circonftances ne permirent pas de fuivre les tranfports de fon jufte courroux. Il pardonna le paffé aux Bordelois moyennant cent mille écus ; à la charge de remettre la ville en fon pouvoir , & de lui faire un nouveau ferment de fidélité. Il fe réferva feulement vingt perfonnes des principaux Rébelles pour les bannir à perpétuité du pays Bordelois, il priva auffi la ville de fes priviléges. Le traité fut fait le 9 Octo-

---

(1) Alain Chartier , *en la vie de Charles VII* , p. 229 *& feq.* Du Tillet , *Recueil des Traités entre la France* *& l'Angleterre* , p. 360, 361. Dupleix , *en la vie de Charles VII* , t. 2, p. 883. *& feq.*

Q

bre 1453. C'eſt ſans doute cette privation des priviléges qui a donné occaſion
de dire que la Guienne avoit perdu la
liberté du Franc-Alleu à cauſe de la perfidie des Aquitains envers le Roi, &
de leur affection envers les Anglois.
Mais on devoit prendre garde que cette
punition ne touchoit que la ville de Bordeaux qui fut même rétabliё dans ſes
priviléges ſix mois après, & le 11
Avril ſuivant.

CHAPITRE VIII.

Preuves que la Guienne a conservé le Franc-Alleu.

140. IL n'est pas nécessaire de revenir sur le premier temps de cette huitième époque, où nous avons fait voir, par des raisons très solides, que depuis le mariage d'Eleonore, Duchesse de Guienne, avec le Roi d'Angleterre, jusques au règne de S. Louis, la Seigneurie féodale universelle ne fut point établie, & que la franchise des terres même de la Guienne n'avoit reçu aucune atteinte. Il ne nous reste maintenant qu'à faire voir, que depuis que S. Louis rendit la Guienne aux Anglois, il n'a été rien fait qui ait introduit cette Seigneurie féodale universelle & detruit le Franc-Alleu dans cette Province. C'est ce que l'on peut établir par plusieurs réflexions tirées des faits que nous avons rapportés.

141. La première. Les Anglois n'ayant possédé en vertu de la restitution faite par S. Louis, que le Bordelois, le Limousin, le Périgord & la Gascogne, sans y comprendre le Bearn,

que le Comte de Foix prétendoit posſé-
der en toute Souveraineté, ſelon *Dupleix* & d'autres Hiſtoriens, l'Armagnac, le Feſenſac & le Bigorre, le pays
de Foix, la Gaſcogne Toulouſaine, telle
qu'elle eſt déſignée par *Oihenart* (1), &
les autres terres dépendantes alors du
Comté de Toulouſe, leſquelles ne furent point cédées aux Anglois par S.
Louis; les raiſons ſur leſquelles on fonde la perte du Franc-Alleu à cauſe de la
domination des Anglois ſont inutiles
par rapport à ces pays, qui ne leur furent
point cédés par S. Louis. Il eſt vrai que
l'Agénois leur fut livré par Philippe le
Bel, & que les hommages des autres
furent compris dans le traité de Bretigni; mais nous avons remarqué, qu'il
ne fut pas exécuté à cet égard par le
refus des Seigneurs de faire hommage
au Roi d'Angleterre. D'ailleurs on ne
lui céda que les hommages ſur ces terres & les Domaines appartenans au
Roi : la poſſeſſion fut même ſi courte,
qu'elle ne dura que juſques en 1370,
que l'Arrêt de confiſcation fut rendu;
& pendant cet intervalle, qui ne fut
que de dix ans, le Prince de Galles,

---

(1) Oihenart, *notitia utriuſque Vaſconiæ*, *lib.* 3.
cap. 12, *p.* 532, 533.

Duc de Guienne, confirma en 1369, *les priviléges, franchises & immunités* de la Guienne.

142. La deuxième. Par le traité fait avec S. Louis, ni même par celui de Bretigni, on ne céda aux Anglois que le droit de Suzeraineté par le premier, & par le second celui de Souveraineté, & les domaines & autres droits appartenans au Roi, & nullement la propriété des terres qui étoient possédées par les particuliers qui demeurèrent, comme auparavant, au pouvoir des possesseurs, lesquels s'étoient toujours maintenus dans leurs priviléges & immunités contre les Anglois, comme il est dit dans la harangue du Comte d'Armagnac au Roi Charles V, rapportée par *Dupleix* (1). Ils y furent même maintenus par les Lettres Patentes du Prince de Galles de l'an 1396, comme nous l'avons déja dit. D'ailleurs, aucun Historien ne fait mention que les anciens habitans aient été chassés de la Guienne, ni qu'on les ait dépouillés de leurs biens, en tout, ni en partie, pour les donner, sous le titre de fief aux Anglois, ou pour les parta-

______

(1) Dupleix, t. 2, p. 577.

ger avec eux : ce que les Historiens n'auroient pas manqué de remarquer si la chose étoit arrivée, tout comme ils l'ont remarqué à l'égard des habitans de Calais, que *Mezeray* (1) assure avoir été chassés de leur ville en 1347, pour s'être attirés l'indignation du Roi d'Angleterre. Nous en avons encore la preuve dans la harangue (2) du Comte d'Armagnac, où il assure, que les Gascons s'étoient maintenus dans leurs terres depuis qu'ils étoient entrés en France, & dans le traité de Bordeaux du 12 Juin 1451, suivant lequel les habitans de Guienne avoient la liberté de posséder leurs biens en demeurant dans la Province, & les plus proches parens résidens dans le pays devoient recueillir les immeubles de ceux qui se retireroient en Angleterre.

143. La troisième. Les différentes conquêtes par les Anglois sur les François, ou par ceux-ci sur les Anglois, de même que les traités par lesquels la Guienne fut rendue, laissèrent toujours, nonobstant les révolutions, les terres de la Guienne dans leur ancienne

---

(1) Mezeray, *Abrégé Chronol. t. 3, p. 29, 30.*

(2) Dupleix, *tom. 2, p. 576, 577.*

franchise, du moins pour le général.
Nous avons vu que la restitution faite
par S. Louis n'avoit rien changé : celle
de 1308, & celle de 1329, n'appor-
tèrent non plus aucun changement,
puisque d'un côté, Philippe le Bel la
rendit à Edouard II, pour la posséder
en la qualité que les Anglois la possédoient auparavant selon *Dupleix* ; &
lorsqu'Edouard III fut reçu à l'hommage en 1329, on ne fit que lever la
main-mise ordonnée en 1325, faute
d'hommage : ainsi les choses demeurèrent dans le même état où elles étoient
avant la main-mise. A l'égard des différentes conquêtes, elles ne causèrent
pas non plus une destruction du Franc-
Alleu ; outre que les Historiens n'en
disent rien, comme je l'ai observé,
nous en avons la preuve dans le traité
de 1451, comme je le ferai voir bientôt ; d'ailleurs la conquête faite par
les Anglois, de la Normandie & de
plusieurs autres Provinces en fournis-
sent une preuve indubitable, puisque
nonobstant cette conquête des Anglois, & la reprise des François, cette
Province s'est toujours maintenue dans
la liberté du Franc-Alleu, dont elle
jouit encore aujourd'hui, comme le

prouvent la coutume de cette Province (1), & Basnage dans son Commentaire.

144. La quatrième. Par le traité de Bordeaux de 1451, ci-dessus rapporté, la ville de Bordeaux, & le pays de Guienne, & de Gascogne furent maintenus en leurs *coutumes, priviléges & immunités*. On ne peut pas révoquer en doute que le Franc-Alleu naturel, qui est la première, & la plus précieuse de toutes les immunités, comme dérivant du droit Romain observé de tout temps dans cette Province, ne fût du nombre des priviléges, & immunités qui furent confirmés (2), puisque le Bordelois jouit encore aujourd'hui sans contestation de la liberté du Franc-Alleu, comme il paroit par plusieurs Arrêts du Conseil qui l'y maintiennent, & qu'il en jouissoit même il y a près de 200 ans, selon le témoignage de *Ferron* (3) sur la coutume de Bordeaux.

145. La cinquième : quand le Roi Charles VII, demeura paisible posses-

----

(1) *Coutume de Normandie, art.* 102 *& ibid.* Basnage.

(2) Voyez *les Arrêts de* 1667 *& 1670, rapportés par la Peirere, lett. a. n. 56.*

& celui du 4 *Août* 1693, *au recueil de Pau, tom.* 2. *p.* 253.

(3) Ferron, *sur la coutume de Bordeaux, tit.* 8. *de Feudis, §.* 7.

seur

feur de la Guienne, il ne fut fait aucun changement par rapport aux poſſeſ-ſions des particuliers, qui retinrent leurs biens pour les poſſéder avec les mêmes franchiſes, & immunités qu'au-paravant; juſques là qu'il fut convenu que les biens immeubles de ceux qui voudroient ſe retirer en Angleterre, ſeroient acquis à leurs plus proches pa-rens, qui réſideroient dans la Guien-ne; ce qui juſtifie d'une manière incon-teſtable, que le Roi Charles VII ne diſpoſa point des terres de la Guienne après ſa conquête, & qu'il n'en fit point le partage aux ſoldats de ſon armée à titre de fief, comme ceux qui combat-tent le Franc-Alleu ſe le ſont imaginé mal à propos. En un mot lorſque la Guienne paſſa au Roi de France par le mariage d'Eléonore, elle conſerva ſes droits & ſes priviléges : elle les conſer-va auſſi quand elle paſſa au pouvoir des Anglois : & lorſqu'elle revint à la Fran-ce par le traité du 1451, tous ſes privi-léges & ſes immunités lui furent con-ſervés : & dans les différentes révolu-tions la qualité des Rois qui la poſſéde-rent ſucceſſivement, n'augmenta rien à ſes ſujétions, & n'acquit pas de plus grands droits ſur cette Province, que

R

les Princes & les paifibles poffeffeurs y
avoient auparavant, fuivant la remarque de faint Julien dans fes *Mêlanges*
pag. 688 , & 689.

CHAPITRE IX.

Origine de la Maxime, nulle Terre fans Seigneur.

146. NOUS pouvons ajouter une fixième raifon, prife de ce que la maxime, *nulle terre fans Seigneur,* n'eft pas ancienne; elle fut introduite dans la France coutumière par le Chancelier Duprat pendant le règne de François I, comme l'ont remarqué *Boulainvilliers* (1), *faint Julien dans fes mêlanges, Mezeray & l'Abbé Dubos* (2). Le premier de ces Auteurs appelle cette maxime *déteftable,* & les autres difent qu'elle eft fauffe & contraire à la liberté naturelle. On ne peut point révoquer en doute que cette maxime ne foit née fous le règne de François I, puifque faint Julien auteur contemporain affu-

---

(1) Boulainvilliers, *Hiftoire de l'ancien Gouvernement de la France,* tom. 1, p. 45. Mezeray, *Abrégé chronologique, Vie de François I,* page 584, tome 4. Saint-Julien, *Mélanges hiftoriales des Fiefs,* ch. 3, page 678.

(2) L'Abbé Dubos, *Hiftoire critique de l'Etabliffement de la Monarchie Françoife, Difcours préliminaire,* page 52.

re que le Chancelier Duprat conseilla
au Roi François I, d'abolir le Franc-Alleu tant pour les choses nobles que
pour les roturières, & qu'il en avoit été
publié un édit; mais que l'intérêt public fit que cet édit cessa par la mort de
son Auteur. Cette maxime n'eut pas
même lieu dans le pays du droit écrit;
puisque d'un côté tous les Auteurs qui
ont écrit avant ou pendant le règne de
François I, ont unanimement décidé
pour le Franc-Alleu naturel; ce qu'ils
n'auroient pas pu faire s'il y avoit eu
une maxime contraire qui eût été reçue; ces auteurs seront rapportés en leur
lieu. D'autre part, ceux qui ont écrit
depuis l'introduction de cette maxime
dans les pays coutumiers, tels que *Dumoulin*, *Chopin* & autres, ont néanmoins soutenu, que les héritages situés dans les pays du droit écrit,
jouissoient encore de la liberté du
Franc-Alleu : preuve évidente qu'elle n'a jamais été communiquée aux
pays du droit écrit. Il est vrai qu'elle se glissa dans la Guienne, mais ce
ne fut pas sous le règne de François I, puisque les Arrêts de 1576
& 1585, rapportés par *La Roche-flavin
des droits Seigneuriaux, Ch.* I, *Art.* I,

& 29 (1), qui ont été jugés contre cette maxime, prouvent que cette Province jouiſſoit alors de la liberté du Franc-Alleu. Ce n'eſt donc que poſtèrieurement à ces Arrêts qu'elle a pu ſe communiquer en Guienne ; mais ceux qui la ſoutiennent ſeroient bien embaraſſés s'ils vouloient prouver que depuis 1585 il eſt arrivé quelque événement qui l'ait fait introduire légitimement.

147. Il n'eſt pourtant pas difficile de découvrir la véritable époque où ce proverbe a paſſé dans la Guienne. Sous le règne de Louis XIII, pluſieurs Traitans prétendirent qu'il ne pouvoit point y avoir dans le Royaume de terres poſſédées en Franc-Alleu ; ils parvinrent même à faire rendre un Arrêt au Conſeil privé en l'année 1626, qui jugea contre le Franc-Alleu du Languedoc. Bientôt après, l'ordonnance de 1629 déclara dans l'art. 383, *que tous héritages ne relevant d'autres Seigneurs, ſeroient cenſés relever du Roi*, ſi les poſſeſſeurs ne faiſoient apparoir des titres de décharge. Le Languedoc, pays d'E-

---

(1) Ces Arrêts ont été rendus contre des Seigneurs des terres ſituées dans la Guienne, notamment contre ceux de La Mothe ſituée tout auprès de Grenade.

tat, & jaloux de ses droits, défendit
efficacement à une pretention qui pa-
rut toute nouvelle & contraire au droit
observé de tout temps dans cette Province. Le Bordelois en fit de même, &
la chose bien discutée, le Franc-Alleu fut
confirmé en leur faveur. Mais personne n'ayant pris la défense de la Guienne qui est dans le ressort du Parlement
de Toulouse, & M. *de Cambolas* qui
dans son traité du Franc-Alleu soutient
les interêts du Languedoc, ayant aban-
donné ceux de la Guienne, c'est dans
cette occasion que le proverbe *nulle*
terre sans Seigneur a pris racine dans la
Guienne; mais il est facile de comprendre que le Franc-Alleu n'ayant pu recevoir d'atteinte alors dans le Languedoc & dans les autres pays régis par le
droit écrit, nonobstant cette ordonnance qui n'a point eu d'exécution,
celui de la Guienne, qui est fondé sur
les mêmes raisons, n'a pas pu non plus
en recevoir. Ainsi étant clair que ce
proverbe n'a pas un établissement légitime en Guienne, cette Province est en
droit de vendiquer aujourd'hui sa liberté, parceque l'erreur ne peut former
de droit légitime, & que la coutume
fondée sur un usage de quelques an-

nées doit céder à la vérité qui se trouve bien établie. *Veritate manifesta, cedat consuetudo veritati. Planè quis dubitet veritati manifesta consuetudinem cedere. Nemo consuetudinem rationi, & veritati præponat, quia consuetudinem ratio, & veritas semper excludit.* Can. 4, Distinct. 8.

CHAPITRE X.

Examen des raisons que l'on oppose contre le Franc-Alleu de la Guienne.

148. Apre's ces réflexions, il est facile de faire voir que les raisons que l'on allègue pour détruire le Franc-Alleu de la Guienne, fondées sur la domination des Anglois, & sur les différentes conquêtes, ne sont d'aucune considération, & qu'elles manquent même pour la plupart dans le fait. Nous avons vu que tandis que les Anglois furent possesseurs de la Guienne, il ne fut point fait de règlement général pour établir la Seigneurie féodale universelle, & pour anéantir le Franc-Alleu, & qu'au contraire, les habitans de la Guienne & de la Gascogne furent maintenus dans leurs anciens priviléges & immunités, soit par Lettres Patentes du Prince de Galles, Duc de Guienne, de l'année 1369, soit par le traité de Bordeaux de 1451. Il n'est donc pas vrai que toutes les terres de cette Province ayent été rendues généralement féo-

dales ou emphyteotiques, & par conféquent, la première raifon de ceux qui
combattent le Franc-Alleu de la Guienne, & qui prétendent, qu'on doit y
obferver à la rigueur la maxime *nulle*
terre fans Seigneur, manque du côté
du fait. Y ayant des terres qui ont
confervé leur liberté naturelle, lorfque les Seigneurs particuliers (car
nous n'entendons point toucher aux
droits de Sa Majefté) pretendront les
droits Seigneuriaux, ils doivent détruire par des titres, cette liberté primitive qui eft le titre des titres ; parceque
les Seigneurs ne pouroient être fondés
en préfomption, comme nous l'avons
dit, que dans le cas qu'il parût que
toutes les terres ont été affujetties au
fief par quelque loi génerale, traité ou
révolution ; ce qui n'eft point arrivé.

149. Il eft vrai que certains Auteurs,
& entr'autres *Auteferre*, prétendent,
que durant la domination des Anglois,
les Seigneurs abusèrent de leur autorité
fur le peuple & forcèrent les particuliers à reconnoître comme féodales,
des terres qu'ils poffédoient en Franc-
Alleu, & que d'autres pour fe concilier
la protection des Grands s'affujettirent
volontairement. Voici de quelle maniè-

re cet Hiſtorien parle (1), *Dolendum potiùs quàm erubeſcendum allodii jus in Aquitania infractum diutina incubatione Anglorum ; tum enim Aquitani Proceres Anglo perpetuis bellis diſtricto audaciùs in plebeios ſæviere, & poſſeſſores prædiorum, ut cumque allodialium facilè in ſuam ditionem redegerunt, ſenſimque allodia everterunt. Vel etiam ipſi privati poſſeſſores iniquitate temporum peſſumdati, præſidii cauſâ ſe, & ſua prædia potentioribus ultrò addixerunt, & libertatis damno patrocinium redemerunt.*

150. Mais premièrement ; il n'eſt point de Province en France où les Seigneurs n'aient fait de pareilles tentatives & commis des violences pour multiplier les fiefs, & pour detruire par les mêmes voies le Franc-Alleu & la franchiſe des terres (2). *Dominici, Baſnage, Cazeneuve*, & les nouveaux Hiſtoriens du Languedoc, remarquent que ſur la décadence de la ſeconde race de nos Rois, & ſous la troiſième ſur tout pendant le règne de Hugues Capet, & de

---

(1) Auteſerre, *rerum Aquitan. lib.* 3 , *cap.* 17, *page* 225.

(2) Dominici, *de Prærog. Allod. Cap.* 19. Baſnage, *ſur l'art.* 102 *de la Coutume de Normandie, Hiſtoire Générale de Larguedoc, liv.* 18, *n.* 74. Cazeneuve, *du Franc-alleu, liv.* 3, *ch.* 12.

ſes Succeſſeurs, depuis que les fiefs furent parfaitement établis, les Seigneurs diminuèrent les Alleus autant qu'il leur fut poſſible, employant la force & la violence. Il faut même convenir, que ſelon la remarque de S. Julien (1) dans ſes *Mélanges*, il ſe trouve plus de fiefs, que les propriétaires ont de pure volonté, mis en l'obéiſſance des Rois, qu'il n'y en a d'établis en leur faveur par inféodation ou conceſſion à la charge de fief : cependant pluſieurs Provinces, & particulierèment le Languedoc, n'ont pas laiſſé de ſe maintenir dans la liberté du Franc-Alleu naturel, qui ne leur eſt point conteſtée.

151. En ſecond lieu, les titres de dérogation au Franc-Alleu ne ſont pas généraux, & tous les poſſeſſeurs ne s'aſſujettirent point au fief des Seigneurs; mais ce ne fut que par des titres particuliers, qui ne peuvent pas par conſéquent avoir établi un droit commun: ce qui eſt ſi vrai qu'il paroît par une ordonnance du Roi Louis le Hutin de l'année 1325, rapportée par *Cazeneuve* du Franc-Alleu (2), que les Officiers du

____

(1) Saint-Julien, *Mêlanges hiſtoriales*, page 688.

(2) Cazeneuve, *du Francalleu*, liv. 1, ch. 13, n. 85.

Roi voulant exiger certaine finance pour les aliénations des fiefs ou des Francs-Alleus, faites aux ecclésiastiques ou aux roturiers, plusieurs Provinces s'en plaignirent, & entr'autres les habitans du Périgord, & du Rouergue, qui font partie de la Guienne ; & par cette ordonnance le Roi leur fit défenses de rien exiger à raison de ces aliénations qui seroient faites de bonne foi. Il y avoit donc encore des Alleus en Guienne ; que si *Auteserre* prétendoit dire que les Alleus avoient été totalement détruits, ce qui ne resulte pas de ses paroles, son opinion denuée d'autorité & de preuve, ne devroit pas être d'un grand poids; puisque d'un côté les autres Historiens qui ont pris soin de rapporter exactement les révolutions arrivées en Guienne, n'ont point parlé de celle-ci : quoiqu'elle fût assez importante pour mériter une place dans l'Histoire, & que d'autre part le contraire est justifié par l'ordonnance de Louis le Hutin de 1415, par les Lettres Patentes du Prince de Galles de 1369, & par le traité de Bordeaux du 12, Juin 1451, en conséquence duquel la Guienne a été réunie à la Couronne, & le pays de Bordelois a toujours joui de la liberté du Franc-Alleu, & en jouit encore ; ce qui fournit une raifon fans réplique en faveur du Franc-Alleu de la Guienne, & prouve qu'il n'y a point eu de dérogation générale : raifon qui eft d'autant plus décifive que la ville de Bordeaux a été, comme elle eft encore aujourd'hui, la capitale de la Guienne.

152. En troifième lieu, n'ayant donc été dérogé au Franc-Alleu de la Guienne, que par des titres particuliers, & infenfiblement *Senfim* comme le dit *Auteferre*, il fuffiroit que le Franc-Alleu n'eût pas été généralement détruit, & que partie des terres eût confervé fa liberté naturelle, pour qu'on dût préfumer en faveur des poffeffeurs des terres contre les Seigneurs, & qu'on ne dût point reçevoir la maxime *nulle terre fans Seigneur.* Six raifons le prouvent invinciblement. La première, parceque la Guienne a toujours été régie par le droit Romain felon lequel tous les héritages font préfumés libres, comme nous le dirons plus bas. La deuxième, parceque dans le doute on doit fe déterminer en faveur de la liberté, d'autant plus que *proniores debemus effe ad liberandum, quàm ad obligandum L. Arianus 47, ff. de obligationibus & actionibus.* La troi-

fième, parceque c'eſt au dèmandeur d'établir ſa prétention ; autrement le défendeur doit être abſous *L. 4 , Cod. de edendo* ; ſur - tout quand il s'agit de détruire la liberté, qui, comme nous l'avons dèja dit, eſt le titre des titres. La quatrième , que l'origine de la dérogation au Franc-Alleu , telle qu'on la découvre dans *Auteſerre* , eſt vicieuſe , puiſqu'elle a eu pour principe la force , & la violence ; voilà pourquoi elle eſt infiniment odieuſe , & par conſéquent on doit obliger les Seigneurs à rapporter leurs titres, ſinon on doit laiſſer les choſes dans leur premier état. La cinquième, parceque l'aſſujettiſſement de certaines terres ne conclut rien à l'égard des autres : & bien loin qu'on doive aſſujettir le tout ſous prétexte qu'une partie , qu'on ne peut pas diſtinguer, n'eſt pas libre ; il eſt au contraire tout à fait naturel de prononcer en faveur de la liberté , dès qu'on ne peut pas connoître clairement les terres qui ont ſouffert la perte du Franc-Alleu. C'eſt un principe répandu dans pluſieurs textes du droit Romain, & que l'équité naturelle autoriſe. Enfin la ſixième , parceque la plu-

part des fiefs s'étant formés ou par un
affujetiffement forcé, ou fi l'on veut
volontaire, fans tradition de fonds, &
par fimple convention entre les poffeffeurs des fonds allodiaux, & les perfonnes puiffantes, ce ne pouvoient jamais être de veritables fiefs, lefquels
ne peuvent être tels à moins qu'il n'y
ait une tradition du fonds faite au vaffal, comme nous le prouverons dans
la fuite.

153. La deuxième raifon de ceux qui
combattent le Franc-Alleu, prife de ce
que les titres juftificatifs des droits féodaux & feigneuriaux, ont été enlevés
& tranfportés en Angleterre n'eft pas
meilleure ; car on peut d'abord révoquer en doute la vérité du fait, puifque
nous voyons encore beaucoup de titres
dans la Guienne, plus anciens que l'é-
poque en laquelle les Anglois en furent
chaffés.

154. Il eft vrai qu'en 1194, felon
quelques Hiftoriens, entr'autres le P.
Daniel en la Vie de Philippe Auguste
tom. 3, *pag.* 453, *&* 454, les Anglois
enlevèrent au Roi le Chartrier, ou le
livre qui contenoit les titres des fiefs,
que ces ennemis refusèrent obftiné-
ment de rendre, comme le remarque

le P. Daniel (1). Mais outre que les meilleurs Hiſtoriens ne parlent pas de cet enlevement des titres; qu'il y en a d'autres & notamment l'auteur de l'*Hiſtoire des Révolutions de France*, liv. 4, tom. 2, p. 7, & 8, qui le regardent comme une fable, que de plus on ne perdit que les titres du Roi, & non ceux des particuliers : voilà pourquoi cette raiſon, qui pouroit être bonne en faveur de Sa Majeſté, & qui concluroit même trop, puiſqu'elle aboutiroit à établir en faveur de Sa Majeſté dont les titres ſe perdirent, une préſomption de féodalité dans toute l'étendue de ſon Royaume contre ce que l'experience nous enſeigne, ne peut rien valoir à l'égard des Seigneurs particuliers dont les titres n'ont jamais été enlevés & ne ſont pas perdus. D'ailleurs le P. Daniel obſerve qu'on eut recours à un nommé Gautier qui avoit une grande connoiſſance de ce qui étoit contenu dans les regiſtres enlevés, & dont la memoire ſuppléa en quelque façon à la perte qu'on en avoit faite.

____

(1) Daniel, *Hiſtoire de la Milice Françoiſe, liv.* 3, ch. 2, p. 79. Boulainvilliers, *Hiſt. de l'ancien Gouvernement*, tom. 1, p. 338.

155. Il paroît même par le traité de Bordeaux de l'an 1451, que les terres qui étoient possédées par ceux qui voudroient se retirer en Angleterre devoient être acquises à ceux de leurs proches parens qui voudroient résider en Guienne; voilà pourquoi il n'est pas vraisemblable que les titres ayent été enlevés, & transportés en Angleterre, parceque ceux qui abandonnoient la Guienne, & qui devoient laisser leurs immeubles à leurs plus proches parens, n'en pouvoient pas profiter ; & l'on ne peut pas présumer qu'ils eussent voulu nuire à leurs plus proches parens, sans en tirer aucune utilité *nihil inde laturi, nisi ut officerent.*

156. Nous voyons encore, que la plus grande partie des terres étoient possédées par des François nés, & habitans dans la Guienne, qui ne quittèrent pas leur patrie, & qui conservèrent leurs biens & leurs terres. Il est évident que ceux-ci n'enlevèrent pas leurs propres titres pour les transporter en Angleterre; la droite raison ne permet pas de le penser. Ainsi, supposé que l'on eût enlevé quelques titres, il est du moins certain que tous ne furent pas enlevés. La raison prise

de l’enlévement des titres seroit donc
très-foible, & ne suffiroit pas pour
assujettir toutes les terres, & leur faire
perdre leur liberté naturelle.

157. Mais quand il seroit vrai que
tous les titres se seroient perdus, ce
qui n’est ni vrai, ni vraisemblable, on
n’en pouroit tirer aucun argument
solide contre le Franc-Alleu, parceque
l’assujettissement n’étant pas général,
comme nous l’avons montré, & n’y
ayant aucune preuve pour l’établir,
la perte des titres de quelques Seigneurs ne doit pas être un motif
pour considérer tous les Seigneurs
comme fondés en présomption, qui
dût les faire décharger de la preuve,
& la rejetter sur les possesseurs, pour
établir leur franchise : d’autant mieux
que les dérogations au Franc-Alleu,
ayant été extorquées par force & violence, comme le reconnoissent les
Auteurs les plus favorables aux prétentions des Seigneurs, il n’y a point
d’injustice de faire perdre par défaut
de titre, des droits acquis par des voies
injustes, & qu’un accident de la fortune serve à remettre les choses dans
leur premier état.

158. A l’égard de la troisième rai-

ſon de ceux qui combattent le Franc-Alleu, priſe de ce que la Guienne a été aſſujettie aux droits féodaux & ſeigneuriaux, après qu'elle a été conquiſe ſur les Anglois, elle n'eſt point véritable, puiſque nous avons vu que par le Traité de Bordeaux, du 12 Juin 1451, qui réunit pour toujours la Guienne à la Couronne, les Habitans de cette Province furent confirmés dans leurs *coutumes, priviléges & immunités.* Confirmation d'autant plus conſidérable, que ce fut ſous cette condition que la Guienne revint au pouvoir de Sa Majeſté, & en conſéquence de laquelle le Pays du Bordelois a toujours joui dépuis de la liberté du Franc-Alleu, & y a été maintenu par pluſieurs Arrêts du Conſeil des années 1667, 1670 & 1693, rapportés dans nos Livres.

159. Ce que nous avons dit juſquesici, établit d'une manière inconteſtable, que les différentes révolutions arrivées en Guienne, n'ayoient pas cauſé une deſtruction univerſelle du Franc-Alleu, ni fait aſſujettir aux droits féodaux, ou Seigneuriaux, toutes les terres de cette Province; ce qui nous fournit une première raiſon très - déciſive, que la maxime, *nulle Terre ſans Seigneur,*

S 2

ne doit pas être obſervée dans cette Province par rapport au Fief, quoique certains Auteurs qui n'ont pas pris la peine d'approfondir la matière, l'aient ſoutenu.

CHAPITRE XI.

Le Franc-Alleu de la Guienne soutenu par la Loi Romaine & par une liberté qui lui est commune avec tous les autres Pays du droit écrit. Le Code de Justinien connu en France sous le règne de Charles-le-Chauve.

160. Voici une seconde raison qui n'est ni moins forte, ni moins décisive : elle est prise de ce que la Guienne a toujours été régie par le Droit Romain qui a été le premier, ou à mieux dire, l'unique fondement (1) des différentes Provinces qui se sont maintenues dans la liberté du Franc-Alleu.

161. Nous avons vu ci-dessus, (2) que les anciens Habitans d'Aquitaine, sous la domination des Rois Visigots, n'avoient d'autre Loi que la Romaine,

____

(1) Mémoires de M. de Basville, Intendant de Languedoc, *pag.* 159, 140. *Mémoires touchant le Sénatusconsulte Velleien, partie 1, ch. 4, n.* 6 & 7.
(2) U *sup. n.* 95. Froland.

c'est-à-dire, le Code Théodosien, &
que le Roi Alaric en avoit fait faire
un Commentaire auquel il donna force
de Loi.

162. Cette même Loi fut en vigueur
parmi les Aquitains, quand les François se rendirent maîtres de l'Aquitaine ; nous en avons rapporté les
preuves par des Ordonnances de nos
Rois de la première Race ; ceux de la
seconde accueillirent avec la même
faveur la Loi Romaine ; puisque nous
voyons (1) que le Roi Charlemagne,
après avoir fait revoir & corriger le
Code Théodosien, le confirma, & ordonna aux Juges de s'y conformer. Il
inséra même dans ses Capitulaires plusieurs Ordonnances puisées dans cette
Loi qui est appelée, *Omnium humana-
rum mater Legum*, dans les *Capitul.
Addit.* 4.

163. Mais (2) sous le règne de Charles-le-Chauve, on commença de se

---

(1) Auteserre, *rerum
Aquitan. lib.* 3, *cap* 8 &
13. Histoire Générale du
Languedoc, *liv.* 8, *n.* 55.
Capitul. Balusii, *tom.* 1,
page 1226.

(2) Auteserre, *ibid.
cap.* 9 & 13. Dominici, *de
Brarog. Allod. cap.* 11, *n.*

8, & *cap.* 20, *n.* 5.
Voyez Cazeneuve, *du Franc-
Alleu, liv.* 1, *ch.* 5, *n.* 5
& *suiv.* Dans les Assises de
Jérusalem, *ch.* 204, qui
furent faites par Godefroy
de Bouillon, lequel mou-
rut en l'année 1100, il est
parlé du Code de l'Empe-

fervir du Code de Juſtinien, qui ſuc-
céda au Code Théodoſien, & fut l'unique Loi en uſage dans la Guienne &
dans tous les autres Pays de France,
qui ſont appelés de Droit écrit, (1) à la
différence de ceux qui ſont régis par
des Coutumes, laquelle diſtinction
des Pays de Droit écrit & de Coutume
prit naiſſance ſous le règne de Hugues
Capet. *Auteſerre* (2) rapporte, pour
preuve que la Guienne & le Languedoc ſe gouvernoient par le Droit écrit,
une Ordonnance de S. Louis, de l'an
1254, qui ordonne la confiſcation des
biens des Hérétiques Albigeois qui
infectoient ces deux Provinces, ſans
préjudice des droits des femmes & des
créanciers, conformément au Droit
écrit, comme étant la Loi de ces Pays;
& lorſque le Comté de Toulouſe (3)

---

reur Juſtinien. Il étoit donc
connu avant les Pandectes
qui ne furent découvertes
que durant le règne de
Lothaire II, poſtérieur à
cette époque.

(1) Auteſerre, *ibid. c.* 10.

(2) Auteſerre, *ibid.* Cazeneuve, *du Franc-Alleu,*
pag. 291, rapporte une
Ordonnance ſemblable de
1250, pour la preuve que

la Loi Romaine a été le
Droit commun de la Fran-
ce. On peut voir la Diſſertation de M. Bretonnier
dans la Préface des œuvres
de Henris, & M. le Préſident
Bouhier, *Obſervat. ſur la*
Cout. de Bourgogne, ch. 4.

(3) Auteſerre, *ibid. cap.*
10. Dominici, *de Prærogat.*
Allod. cap. 20, *n.* 3 *&* 4.

qui comprenoit une grande partie de la Guienne, comme je l'ai dit, fut uni à la Couronne, après la mort d'Alphonse, Comte de Poitiers & de Toulouse ; ce ne fut que sous cette condition expresse, que ces pays seroient gouvernés par le Droit écrit.

164. Le point de fait ainsi établi, que la Guienne a toujours été régie par le Droit écrit ; c'est donc par cette Loi qu'on doit décider, si le Franc-Alleu est naturel dans cette Province, ou si la maxime, *nulle Terre sans Seigneur,* doit y avoir lieu pour le Fief & les droits seigneuriaux, comme elle a lieu dans tout le Royaume, à l'égard de la Justice. Or la chose n'est pas difficile, puisqu'il y a une foule de Textes du Droit Romain & d'autorités (2), (dont nous ne ferons pas le détail, parcequ'il seroit trop long), qui établissent que tous les héritages sont naturellement libres & exempts de servitudes & de toutes sortes de

______

(1) Philippi , *resp.* 39 , *n.* 33. 34 Cazeneuve , *du Franc-Alleu du Langue-doc , liv.* 2 , *chap.* 9 , 10 , 11. Dominici, *de Prærogat.* *Allod. cap.* 4 , *n.* 4 , 5 ; *cap.* 20 , *n.* 6. Dumoulin , *sur la Coutume de Paris ,* §. 68 , *n.* 11 , rapportent ces autorités.

droits

droits & devoirs, si l'assujettissement n'est prouvé par celui qui le prétend ; & que toutes les terres qui sont situées dans les Pays du Droit écrit, doivent jouir de la liberté du Franc-Alleu. C'est une vérité si constante, qu'elle est reconnue & attestée par un article que l'on trouve dans les Arrêtés de M. le premier Président de Lamoignon : (1) il est dit en propres termes : *Ès Provinces régies par le Droit écrit, tout héritage est réputé Franc-Alleu, s'il n'y a titre ou reconnoissance au contraire,* & que les Magistrats les plus attentifs à la conservation des droits de Sa Majesté, l'ont reconnu : tel est M. de Basville, Intendant de Languedoc, dans ses *Mémoires, pag.* 139 & 140.

165. Aussi est-ce sur le fondement de ce droit, & du sentiment presque unanime des Docteurs & Interprètes que plusieurs Provinces se sont conservées dans la liberté du Franc-Alleu naturel ; mais pour donner à cette raison toute sa force & tout le jour dont elle est susceptible, il faut entrer dans le détail.

---

(1) Arrêtés de M. le premier Président de Lamoignon, *tit. du Franc-Alleu,* art. 1.

T

CHAPITRE XII.

*Quels sont les Pays qui se font main-
tenus dans la liberté naturelle du
Franc-Alleu ?*

166. COMMENÇONS par le Languedoc, qui est de ce nombre. (1) L'argument que l'on peut tirer de la liberté de
cette Province, est d'autant plus con-
cluant pour la Guienne, que l'une &
l'autre Province ont été pour ainsi
dire unies & confondues. Voilà pourquoi ce qui est établi pour l'une, doit
sans difficulté avoir lieu pour l'autre.

167. Premièrement, nous trouvons
(2) que sous le règne de Philippe le
Long, par une Ordonnance de 1316.
le Royaume de France fut distingué
en deux parties, divisées par la Loire.
La première, qui est au-de-là de cette
rivière, & qui composoit le ressort du

---

(1) Caseneuve, *du
Franc-Alleu du Langue-
doc.*

Cambolas, *dans le trai-
té du Franc-Alleu. Les
Arrêts rapportés par La-*
faille. *Annales de Toulouse, tom.* 2. sur la fin.

(2) Dominici, *de præ-
rogat. allod. cap.* 20.
n. 3. 4.

Parlement de Paris , fut appelée *Lan-gue-d'Ouy* : & la deuxième , en-deçà de la Loire , dans le reſſort du Parlement de Touloufe , lors de ſa première inſtitution , avant l'érection des Parlemens de Bordeaux , Grenoble & Aix , fut appelée *Languedoc.* Ainſi le Languedoc comprenoit alors toute la Guienne.

168. En ſecond lieu (1) , lorſque l'Aquitaine fut érigée en Royaume , elle comprenoit une partie du Languedoc : Touloufe en étoit la Capitale & le ſiége de ſes Rois. Depuis Louis le Debonnaire les pays de Carcaſſonne , de Razès , d'Albigeois , du Vélai & du Gevaudan en furent auſſi une dépendance.

169. En troiſième lieu , quand les Ducs & les Comtes eurent uſurpé les droits Régaliens , & rendu leurs gouvernemens héréditaires (2) , le Comte de Touloufe dominoit directement ou indirectement , non-ſeulement preſque ſur tout le Languedoc , mais encore ſur partie de l'Aquitaine , & ſur la moitié de l'ancien Comté de Pro-

---

(1) *Hiſt. générale de Languedoc ,* l. 10 , n. 125.   (2) *Hiſt. générale du Languedoc ,* l. 18 , n. 69.

vence; en sorte que son Domaine étoit borné au levant par les Alpes, au midi par la Durance, la Méditerranée & les Pyrénées; au couchant par le Duché de Gascogne, & au nord par l'Yzère, les montagnes d'Auvergne, & la Dordogne. Il possédoit encore la Gascogne Toulousaine, qui, selon *Oihenart*, (1) comprenoit le Condomois, le Brouillois & l'Agénois; tous les pays qui étoient entre les Vicomtés de Lomagne, de Fesensac & de Cunserans, c'est-à-dire, le Comté de l'Isle-Jourdain; les Vicomtés de Gunois & de Terride, partie de celui de Fesensaguet, en deçà la rivière de Lazats, dans l'ancien Diocèse de Toulouse, & les Chatellenies de Verdun, Muret & Samatan, avec les Villes de Lombez, Gimont, Grenade, Beaumont & les Villages en dépendans.

170. En quatrième lieu, la Guienne & le Languedoc ont subi une fortune & des événemens tout-à-fait semblables; & s'il y avoit quelque avantage du côté de l'une de ces deux Provinces, ce seroit sans contredit à la

____

(1) Oihenart, *notitia utriusque vasconiæ lib.* 2 *cap.* 12 ; *p.* 532, 533.

Guienne qu'on devroit l'attribuer : à ne confidérer que la vérité, & en fe dégageant de la prévention où certains Auteurs ont mis les efprits. En effet, le Languedoc fut, comme la Guienne, agité par des guerres continuelles, (1) lorfque les Seigneurs avoient le plus à cœur de diminuer les Alleus, & d'augmenter les Impôts. Ce fut dans les mêmes temps que le Languedoc & la Guienne furent ufurpés par les Comtes & les Ducs, qui s'en approprièrent les droits Domaniaux & Régaliens. (2) Ce fut à titre de Fief relevant de la Couronne que les Comtes de Touloufe poffédèrent le Languedoc, avec fes Domaines & les droits Régaliens : ceux de la Guienne furent poffédés fous le même titre de Fief relevant de la Couronne par des Ducs ; ce qui n'a pourtant rien de commun avec les poffeffions des particuliers. Cette poffeffion de la Guienne fe continua à la vérité fur la tête des Anglois ; mais ce ne fut que par le

____

(1) *Hift. générale du Languedoc, liv.* 18, *n.* 74, 75.
    (2) Dupuy, *des droits du Roi, pag.* 549. Cazeneuve, *du Franc-Alleu, liv.* 2, *chap.* 6, *n.* 5, 6, 7, 8 *& fuiv.*

droit que leur transporta Eleonore, fille de Guillaume, dernier Duc François, en la même qualité de Duc, & sans aucun autre changement qui ne lui fût commun avec le Languedoc : car si les Seigneurs de Guienne firent des efforts pour augmenter les Fiefs & diminuer les Alleus, la même chose arriva dans le Languedoc, comme nous l'avons montré. Nous voyons même que tandis que la Guienne étoit sous la domination des Anglois, le Prince de Galles, à qui elle appartenoit en qualité de Duc, confirma en 1369 *ses privileges & immunités*; & quand elle fut réunie à la Couronne, ce fut sous la condition expresse, que *ses coutumes, priviléges & immunités* seroient confirmés, comme le porte le traité de Bordeaux de l'an 1451; au lieu que quand le Languedoc fut réuni à la Couronne, ce fut seulement sous la condition que cette Province seroit régie par le droit écrit, comme le remarque *Auteserre* (1); & que d'ailleurs on n'a jamais opposé au Franc-Alleu de la Guienne, les Loix

____

(1) Auteferre, *rerum Aquitan. lib. 3, cap. 10.* Voyez Cazeneuve, *du Franc-Alleu, liv. 1, ch. 6.*

de Simon , Comte de Monfort , que les ennemis du Franc-Alleu (1) ont opposées à celui du Languedoc ; ce qui établit un avantage considérable en faveur de la Guienne , au-dessus du Languedoc ; que si par les Lettres-Patentes du 9 Octobre 1501 , rapportées par Cazeneuve , *page* 133 , le Languedoc a été confirmé dans la liberté du Franc-Alleu, ce n'a été que sur ce seul & unique fondement , exprimé dans les mêmes Lettres Patentes , que le Languedoc étoit *gouverné par le droit écrit , selon lequel toutes choses sont franches , s'il n'appert qu'elles ayent été asservies :* raison qui n'est pas moins forte pour la Guienne que pour le Languedoc ; puisque le droit écrit est la Loi de l'une & l'autre Province. Quoi donc , le Languedoc aura conservé la liberté du Franc-Alleu , & la Guienne qui en a fait partie, qui a été unie , & pour ainsi dire confondue avec le Languedoc, qui n'a souffert que des événemens tout-à-fait semblables ; qui enfin a toujours joui du même avantage d'être régie par la même Loi , c'est-à-dire , le droit Ro-

---

(1) Galand , *Traité du Franc-Alleu.*

main , & qui jouiſſoit effectivement de la même franchiſe en 1576 & 1585, comme le prouvent les Arrêts du Parlement de Toulouſe, aura perdu cette liberté & cette franchiſe ? c'eſt ce qu'il eſt impoſſible de ſe perſuader , ſi l'on ſe dégage de toute prévention , & qu'on ne s'attache qu'à la recherche de la vérité.

171. Nous avons encore obſervé ci-deſſus, que le Bordelois s'étoit toujours maintenu dans la liberté du Franc-Alleu. Or il faut de deux choſes l'une , ou que cette liberté procède du droit Romain , ou qu'elle vienñe du traité de Bordeaux de l'année 1451. Si elle procède du droit Romain , c'eſt un avantage qui a toujours appartenu au reſte de la Guienne , de même qu'au Bordelois ; il ne doit donc pas y avoir de différence entre l'un & l'autre.

172. Que ſi la liberté du Franc-Alleu , dont le Bordelois jouit , vient du traité de Bordeaux , outre que cet avantage , ſelon toutes les apparences, tire ſon origine du droit Romain , qui étoit alors la Loi du Bordelois , comme du reſte de la Guienne ; d'ailleurs en mettant à l'écart la loi Romaine , par rapport au Franc-Alleu , l'immunité

n'ayant pas été confirmée en faveur du seul Bordelois ; mais la Guienne de même que la Gascogne, étant nommément comprises dans le traité ; la Guienne & la Gascogne n'ont pas moins de droit que le Bordelois , de prétendre qu'elles ont conservé la liberté du Franc-Alleu. Ainsi c'est une erreur visible, de vouloir que la maxime , *nulle terre sans Seigneur ,* doit avoir lieu en Guienne , pour les Fiefs & les droits Seigneuriaux.

173. Le Dauphiné jouit incontestablement de la liberté du Franc-Alleu naturel , & il est remarquable que ce n'est que sur un fondement qui lui est commun avec la Guienne ; c'est-à-dire , parceque le Dauphiné a toujours eu pour Loi le Droit écrit, comme l'atteste *François Marc* (1) *, Boissieu* (2), *Basset* (3) *, & Chorier* (4). Ces trois derniers Auteurs rapportent plusieurs Arrêts qui ont confirmé le Franc-Alleu naturel de cette Province.

---

(1) Dans ses décisions du Parlement de Grenoble , part. 1 , *decis.* 454 , *n.* 8 ; *& part.* 2 , *decis.* 367 , *num.* 5.

(2) De l'usage des fiefs , *ch.* 53.

(3) Dans les Arrêts, *t.* 2. *liv.* 3 , *tit.* 6 , *ch.* 1.

(4) Dans la Jurisprudence de Guy - pape , *l.* 2 , *sec.* 1 , *art.* 3 , *page* 62 *& 63.*

174. La Provence, comme étant régie par le Droit écrit, a aussi été conservée, par un Edit du mois d'Octobre 1676, dans la liberté naturelle du Franc - Alleu des terres de cette Province, quand même les Propriétaires les auroient baillées à Fief. Cette autorité supérieure à toutes les autres nous dispense d'entrer dans une plus grande discussion à cet égard. (1)

175. La Bourgogne y a été pareillement conservée par un Arrêt du Conseil du 4 Juillet 1693 ; non par la force de la coutume, qui ne contient aucun article exprès ; mais parceque son Procès - verbal contient une disposition qui produit le même effet. Il y est dit que, pour les questions qu'elle n'a point décidées, l'on aura recours au Droit Romain : & c'est en conséquence de cette disposition, & parceque la Bourgogne est un pays du Droit écrit, qu'elle a été maintenue dans la liberté du Franc-Alleu, comme le remarque *Taisand* (2), dans son

____

(1) Mourgues, *sur le statut de Provence*, p. 148, 149 *& seq.*

(2) Taisand, *sur la coutume de Bourgogne*, tit. 3, art. 1, p. 150, 151.

commentaire sur la coutume de cette Province.

176. Enfin le Lionnois, le Forez, le Beaujolois & le Maconnois jouis-sent pareillement de la liberté du Franc-Alleu naturel, par cette seule raison que ces pays sont régis par le Droit écrit, comme l'assurent *Heris*, *Bretonier* (1), & *Gillet* (2). Il en est de même des pays de Bresse, Bugey, Valromey & Gex, aussi régis par la loi Romaine. *Gillet* (3), dans la même dissertation, page 626, rap-porte l'Arrêt du Conseil du 4 Juillet 1693, dont nous venons de parler, qui déclare en termes exprès, le Franc-Alleu roturier être naturel dans ces quatre pays.

177. Si donc tous les pays gouver-nés par la loi Romaine ont conservé la liberté naturelle du Franc-Alleu, pourquoi la Guienne, qui a toujours été régie comme elle l'est encore, par la même Loi, n'auroit-elle pas con-servé la même liberté? & seroit-elle la seule Province du droit écrit qui

---

(1) *Tom.* 1, *livre* 3, *ch.* 3, *quest.* 18.
(2) Dissertation sur le Franc-Alleu des pays du Droit écrit, *tom.* 1, *pa*ge 618.
(3) *Ibid. pag.* 626.

auroit souffert une telle perte, sans qu'il soit arrivé aucun événement qui ait introduit la Seigneurie féodale universelle ?

178. Plusieurs Auteurs, dont la décision est d'autant plus considérable, qu'ils ont examiné la matière à fond, ont décidé en faveur du Franc-Alleu de la Guienne, & entre autres *Ferron* (1), *Dominici* (2), *Cazeneuve* (3(, *Autéserre*, (4). Ce dernier Auteur assure, comme nous l'avons rapporté, que le Franc - Alleu naturel est une prérogative de la Guienne. Il est vrai qu'il dit que les Seigneurs ont fait des efforts, & employé même la force & la violence pour diminuer les Alleus, & qu'ils leur ont donné des atteintes: mais il fait comprendre qu'il n'a pas été entièrement détruit. Nous trouvons même dans *M. La Roche* (5), plusieurs préjugés du Parlement de Toulouse, & entr'autres un de l'année 1576, rendu, les deux Chambres

______

(1) Sur la coutume de Bordeaux, *tit.* 8, *de feudis,* §. 7.

(2) *De prærogat allodiorum,* cap. 3 & 14.

(3) Du Franc Alleu du Languedoc, *liv.* 1, *ch.* 11, *num.* 1 & 2.

(4) *Rerum Aquitan. lib.* 3, *cap.* 17.

(5) Des droits Seigneuriaux, *ch.* 1. *art.* 1 & 29.

des Enquêtes assemblées , & un autre de l'année 1585 , en faveur du
Franc-Alleu de la Guienne , qui en
jouissoit alors incontestablement, comme étant un pays régi par le droit
écrit.

CHAPITRE XIII.

*Réponse aux Auteurs de l'opinion con-
traire au Franc-Alleu de la Guienne.*

179. A LA vérité, il y a quelques
Auteurs postérieurs à M. La Roche-
Flavin, qui ont prétendu que le Franc-
Alleu n'avoit pas lieu en Guienne.
Nous ne mettons pas dans ce nombre
le traité du Franc-Alleu de *Galland*,
qui a combattu inutilement le Franc-
Alleu du Languedoc, & qui a été réfuté victorieusement par *Cazeneuve*,
lequel en examinant ses raisons en détail, les a détruites d'une manière à
ne souffrir point de réplique. D'ailleurs
plusieurs Auteurs (1) ont remarqué
que le traité de Galland n'étoit autre
chose que le factum des Traitans, qui
avoient un intérêt pécuniaire à com-
battre le Franc-Alleu.

180. Nous ne connoissons que trois
ou quatre Auteurs du Parlement de
Toulouse qui ayent prétendu que la

(1) Desiderius, *Heral-* n. 1. Boissieu, *de l'usage des*
dus quotidian. quæst. c. 14. *Fiefs, ch. 33.*

Guienne n'étoit pas un pays de Franc-Alleu, favoir, M. de *Cambolas*, (1) *Graverol* (2), & *Geraud* (3). M. Maynard eft encore de ce nombre, non pas précifément pour la Guienne ; mais pour le Languedoc & pour tout le Royaume, où il prétend que l'on y obferve la maxime *nulle terre fans Seigneur* : mais il eft facile de leur faire voir que leur décifion ne mérite pas une grande attention:

181. Il eft affez difficile de comprendre quel eft le véritable objet de la décifion de *M. Maynard.* Il commence par affurer que c'eft une maxime en France qu'il n'y a point de terre fans Seigneur ; cependant il ne fe fonde que fur *Jean Faber* & fur *Mafuer*, qui ne parlent que de la Juftice ou bien des Seigneurs qui font fondés en titre pour un territoire limité ; mais aucun de ces deux chefs n'eft contefté : car on reconnoît en France qu'un Seigneur Jufticier a la Juftice dans tout le territoire, même fur les Alleus, parce qu'ils font foumis à fa

---

(1) Dans fon traité du Franc-Alleu.

(2) Sur M. la Roche, *des*

Droits Seig. c. 1, *art.* 1;

(3) Dans fon petit traité *des Droits Seigneuriaux.*

Jurisdiction. On reconnoît encore qu'un Seigneur qui a un titre sur un terroir limité, est fondé à prétendre les droits Seigneuriaux sur chaque partie de ce terroir, comme l'enseigent *M. La Roche*, (1) *M. de Cambolas*, (2) & généralement tous les Auteurs. Ensuite il rapporte un Arrêt du Parlement de Bordeaux, qu'il dit avoir jugé que le Seigneur Justicier étoit fondé, sans autre titre, à retirer par droit de prélation les fonds situés dans l'étendue de sa Justice : mais cet Arrêt n'est pas fort considérable puisque nous avons montré que le Bordelois jouit de la liberté du Franc-Alleu naturel. Il est même remarquable que *Monsieur Maynard*, (3) se contredisant lui-même, soutient que le Seigneur n'est pas fondé au droit de prélation, à moins qu'il n'ait un titre exprés, où ce droit ait été stipulé, quand même il prouveroit que les biens sont mouvans de sa directe à titre d'Emphitéose. Enfin il rapporte l'Arrêt de Mauléon, qui est dans le cas d'un Seigneur fondé

____

(1) Des droits Seigneuriaux *ch. 1, art. 2.*
(2) *Liv. 4, ch. 5.*
(3) *Liv. 4, ch. 34.*

en titre , fur tout un territoire limité ;
auquel cas il eft certain que les poffeffeurs des biens enclavés dans ce territoire font obligés à rapporter des
titres d'affranchiffement , finon ils ne
peuvent pas prétendre poffeder des
terres en Franc-Alleu. Au furplus nous
renvoyons au traité du Franc-Alleu
du Languedoc (1) , qui a réfuté l'opinion de *M. Maynard* comme vifiblement fauffe ; puifqu'il fe fonde fur des
raifons & des autorités qui établiffent
le Franc-Alleu.

182. A l'égard de M. *de Cambolas ,*
ce n'eft qu'en paffant qu'il dit que
dans la Guienne la maxime *nulle terre*
fans Seigneur a lieu , il n'a point examiné la difficulté ; & comme il ne tra-
vailloit que pour foutenir le Franc-
Alleu du Languedoc , & qu'il ne pre-
noit aucun intérêt à la défenfe de la
Guienne , dont *Galland ,* dans fon
traité du Franc-Alleu , tiroit un argument contre le Languedoc , il fe con-
tente de dire que la Guienne n'avoit
pas un privilége tel que le Languedoc ;
mais il ne prit pas garde que le Franc-

---

(1) Cazeneuve , *du Franc-Alleu du Languedoc ,* l. 2 ,
ch. 8 , n. 7 & 8.

V.

Alleu du Languedoc n'eſt pas proprement un privilége, ni une conceſſion (1) ; c'eſt une liberté naturelle dans laquelle tous les pays du Droit écrit ſe ſont conſervés, comme je l'ai prouvé ; ainſi les raiſons que M. de Cambolas allègue en faveur du Languedoc, militent pour la Guienne avec le même avantage.

183. Pour ce qui eſt de *Graverol*, cet Auteur n'examine pas non plus la queſtion ; il fait mention ſeulement d'un Arrêt, qu'il dit avoir décidé, que la maxime *nulle terre ſans Seigneur* devoit être ſuivie en Guienne : mais il n'en rapporte point l'eſpèce, il ne l'a pas même vu rendre ; car il faiſoit ſa profeſſion d'Avocat dans la ville de Nîmes : & ſelon toutes les apparences, dans le cas de cet Arrêt, les Religieux de Lairac, au profit deſquels il fut rendu, devoient être fondés en titre ſur un terroir limité. D'ailleurs quelque Arrêt qui auroit jugé la queſtion avec des particuliers, ſans l'avoir diſcutée, devroit-il être regardé com-

____

(1) *V.* La Requête de la Province de Languedoc à la fin des Annales de Toulouſe, *tom.* 2, *pag.* 19. Cazeneuve, *du Franc-Alleu, liv.* 1, *c.* 8, *n.* 3,

me une loi générale, capable de faire perdre une liberté auſſi précieuſe que le Franc-Alleu, à ceux qui n'ont pas été parties ? Et ne ſait-on pas que c'eſt ſur les Loix, & non ſur les exemples, que les Procès doivent être décidés ? après quoi nous n'avons pas beſoin de réfuter *Geraud*, qui n'a écrit que ſur la foi des autres.

184. A ces autorités, qui ſont en petit nombre, & qui d'ailleurs ne ſont pas dignes d'une grande attention, parce que les Auteurs n'ont pas examiné & approfondi la difficulté, on peut oppoſer, non-ſeulement celle des Auteurs qui ont décidé en faveur de la Guienne, après une diſcuſſion exacte, & dont le jugement eſt d'un plus grand poids ; mais encore un grand nombre d'autres Auteurs qui ont unanimement décidé que tous les pays qui ont pour loi le droit Romain, jouiſſent de la liberté du Franc-Alleu naturel. Tels ſont (1) *Speculator, Jean Faber, Petrus Jacobi, Benedicti, Dumoulin, Ferron, François Marc, Cho.*

---

(1) Tous ces Auteurs ſont rapportés, avec pluſieurs autres, par Gazeneuve, du Franc-Alleu du Languedoc, *liv.* 2, *ch.* 9, 10 & 11. *Voyez* les Annales de Touloufe, *tom.* 2, à la fine, p. lxxv.

pin , *Bodin* , *Duarein* , *Denis Godefroi* , avec une foule d'autres qu'il feroit trop long de rapporter.

185. Nous n'avons pas befoin de réfuter les raifons de ceux qui prétendent qu'il ne peut point y avoir en France de Franc-Alleu fans titre , ni de terre fans Seigneur ; *Cazeneuve* , en travaillant pour le Franc-Alleu du Languedoc , nous en épargne la peine , parcequ'il a victorieufement réfuté toutes les objections qu'on oppofe au Franc-Alleu naturel. Il nous fuffit d'avoir montré que celles que l'on oppofe en particulier contre le Franc-Alleu de la Guienne , ne font d'aucune confidération. Nous obferverons néanmoins que l'article 383 , de l'Ordonnance de 1629 , qui veut que toutes les terres qu'on ne juftifiera pas relever des Seigneurs particuliers , foient cenfées relever de Sa Majefté , ne peut pas être oppofé utilement ; parce que tout le monde fait que cette Ordonnance n'eft point obfervée , comme le remarquent *Bretonier & Gillet* , aux endroits ci-deffus

---

(1) Bretonier , *fur* queft. 18. Gillet, *differt. fur* *Henris* , tom. 1 , liv. 3 , le *Franc-Alleu* , tome 1.

cités ; (1) ce qui eſt prouvé par pluſieurs Arrêts du Conſeil, & des autres Tribunaux, rendus poſtérieurement à cette Ordonnance, en faveur du Franc-Alleu de pluſieurs Provinces du Royaume. Auſſi voyons nous que nonobſtant cette Ordonnance, le Languedoc, le Bordelois, le Dauphiné, la Provence, le Lyonnois & les autres pays du Droit écrit, dont nous avons parlé, jouiſſent encore aujourd'hui de la liberté du Franc-Alleu.

A l'égard de l'Edit du mois d'Aout 1692, qui rappelle l'article 383 de l'Ordonnance de 1629, il ne contient qu'une ſimple énonciative dans la préface ou dans le préambule, conçue en ces termes : *L'application continuelle que nous avons à rechercher toutes les parties de notre Domaine qui ont été ci-devant aliénées ou uſurpées, nous ayant fait connoître que nous n'avons point de droit mieux établi, ni plus inséparablement attaché à notre Couronne, que celui de la mouvance & directe universelle ſur toutes les*

Les raiſons pourquoi l'Ordonnance de 1629, appellée le *code Michaut*, n'a jamais eu force de Loi en France, ſont expliquées dans le nouvel abregé chronologique de l'Hiſtoire de France, tom. 2, p. 489, 490.

terres de notre Royaume. Le dispositif de cet Edit ne renferme rien qui soit capable de détruire la liberté du Franc-Alleu, dans les lieux où il doit être considéré comme une qualité naturelle des terres & possessions autres que des fiefs auxquels la Justice est unie. Encore moins l'Edit parle-t-il de la présomption en faveur des Seigneurs particuliers ; l'énonciative se borne à la mouvance en faveur du Roi, seulement comme étant un droit attaché à la Couronne, & par conséquent non communicable. C'est néanmoins le seul dispositif, & non une simple énonciative qui peut être capable d'expliquer *la volonté* du Prince, & de lui donner force de Loi. Ce qui est si vrai, que le Franc-Alleu est encore en vigueur dans tous les pays dont nous avons parlé, & dans les coutumes dont nous ferons mention ci-dessous, *num.* 188, nonobstant l'énonciative contenue dans l'Edit de 1692, même à l'égard de Sa Majesté.

186. Ajoutons que *Maynard* & *Graverol*, en soutenant que le Seigneur Haut-Justicier est fondé en présomption, & que toutes les terres qui sont dans l'étendue de sa Justice relèvent

en fief de lui , choquent la maxime la plus conſtamment & plus généralement reçue en France , c'eſt-à-dire , que *Fief & Juſtice n'ont rien de commun* , laquelle tous les Auteurs ont enſeignée , après pluſieurs coutumes , (1) & entr'autres *Maſuer* (2) , *Pontanus* (3) , *Dumoulin* (4) , *Charondas* , (5) , *Philippi* (6) , *Loiſel* (7) , de *Lauriere* (8) , *Poquet de Livoniere* (9) , & *Boiſſieu* (10).

187. Or le ſens de cette maxime ne ſe borne pas , comme ſe l'eſt imaginé *Loiſeau* (11) , à rendre ſeulement la Juſtice ſéparable du fief , & à dire que le fief n'attire pas à ſoi la Juſtice ,

---

(1) La coutume de Bourbonnois , *art.* 1 ; de Blois , *art.* 65 ; de Berry , *tit.* 5 , *art.* 57 ; d'Auvergne , *chap.* 2 , *art.* 4 *& 5* ; de Touraine , *art.* 379 ; de la Marche , *art.* 5 , *& 179.*

(2) Ancien Praticien , *tit.* 26, *des Fiefs, num.* 22.

(3) Sur *l'article* 65. de la coutume de Blois.

(4) Sur la coutume de Paris , §. 1 . *Gloſſ.* 5 , *num.* 45 ; *& §. 68, num. 3.*

(5) *Liv.* 12 . *rep.* 2.

(6) *Rep.* 39 . *num.* 32 *& ſuiv. ; & rep.* 50 , *num.* 11.

(7) Dans ſes inſtitutes coutumières , *liv.* 2, *tit.* 2 , *reg.* 44.

(8) Dans ſes notes ſur cette règle.

(9) Traité des fiefs , *l.* 12 *chap.* 5.

(10) De l'uſage des fiefs , *chap.* 44.

(11) Des Seigneuries , *ch.* 12 , *num.* 47 , 48.

sous prétexte qu'elle ne dit pas que *Justice & fief n'ont rien de commun*: mais elle signifie qu'on ne peut tirer aucun argument de la justice au fief, ni du fief à la justice, ensorte que celui qui a le fief n'est pas présumé avoir la justice; ni celui qui a la justice n'est pas non plus présumé avoir le fief, comme les Auteurs cités l'enseignent; parceque le fief & la justice sont des choses indépendantes l'une de l'autre, & entièrement distinctes, selon le langage des mêmes Auteurs : & ce qui découvre encore mieux l'erreur de *Loiseau*, & sappe le fondement de son opinion touchant l'explication de cette maxime, c'est que la coutume de Bourbonnois, article 1, parle précisément de la manière que *Loiseau* dit que la maxime devroit être conçue, afin qu'on ne pût tirer aucun argument de la justice par rapport au fief; car cette coutume ne dit pas *fief & justice n'ont rien de commun*, en commençant par le fief; mais elle commence par la jurisdiction ou justice; ses termes sont *jurisdiction, ressort d'icelle & fief n'ont rien de commun.* C'est donc une très-mauvaise subtilité de la part de *Loiseau*,

lorsqu'il

lorſqu'il dit que la maxime commençant par le fief, veut dire qu'il n'attire pas la juſtice comme principale,
mais bien que la juſtice attire le fief
comme acceſſoire : puiſque la coutume du Bourbonnois, qui parle de la
juſtice plutôt que du fief, déclare
néanmoins que ces deux choſes n'ont
rien de commun. Ainſi, ſelon le propre raiſonnement de cet Auteur, tout
comme le fief n'attire pas la juſtice,
la juſtice n'attire pas non plus le fief.

CHAPITRE XIV.

Inconvéniens qui naissent de la maxime
nulle terre sans Seigneur.

188. Enfin, il est remarquable que l'on découvre des inconvéniens considérables dans l'usage de la maxime *nulle terre sans Seigneur ;* car si dans une même terre il y a, comme il arrive souvent, plusieurs Seigneurs, dont l'un n'ait que la justice, & les autres possedent certains fiefs, sans néanmoins avoir de titre pour la totalité de la terre, il sera difficile de déterminer duquel de ces Seigneurs les fonds qui ne sont pas compris dans les reconnoissances, ou titres particuliers des Seigneurs féodaux ou censiers, doivent relever en fief ou censive. Si on veut les adjuger au Seigneur Justicier, les Seigneurs Féodaux lui opposeront avec raison qu'il n'a aucune part au fief ; & que n'ayant que la seule justice, la maxime *fief & justice n'ont rien de commun*, fait obstacle à sa prétention. Si on veut les adjuger aux Seigneurs des fiefs, qui n'ont que

des titres particuliers, on leur oppo-
fera qu'ils n'ont rien à prétendre fur les
fonds non compris dans leurs titres,
parce qu'ils ne font pas fondés dans
tout le territoire, & que les titres particuliers portent une excluſion de ce qui
n'y eſt pas contenu : d'ailleurs à ſuppo-
fer que les Seigneurs féodaux ou cen-
ſiers euſſent un droit plus apparent que
le Seigneur juſticier, auquel de ces Seigneurs donneroit-on la préference ?
autre embarras qui fait ſentir l'injuſtice de la prétention de ceux qui ſoutien-
nent qu'il n'y a point de terre ſans
Seigneur de fief. Or, dans cette per-
plexité, ne convient-il pas mieux de
prononcer en faveur de la liberté,
qui eſt le premier titre & le plus favorable, quand il n'eſt pas combattu
par des titres contraires qui y déro-
gent ? Nous devons donc conclure de
tout ce que nous avons dit, que la
Guienne eſt un pays de Franc-Alleu,
& que les Seigneurs particuliers ne
peuvent prétendre les droits Seigneuriaux dans cette Province, qu'en rapportant des titres, tout comme on
en uſe en Languedoc, & dans tous
les autres pays de droit écrit, parce
que la liberté a pour fondement le

droit naturel qui eſt la ſource de toutes les loix , & qui ſuppoſe que tous les héritages ſont libres ſelon l'état de la nature ; que les charges & les ſervitudes étant étrangères , & venant du dehors , doivent par con-ſéquent avoir un titre qui émane ou de la convention , ou d'une loi con-traire , telle qu'on voit dans les cou-tumes qui ont rejetté le Franc-Alleu , comme il y en a dans le pays coutu-mier. Telles ſont celle de Melun , *ar-ticle* 104 , celle de Meaux , *article* 189 , celle de Poitou , *article* 52 , celle de Senlis , *article* 101 *&* 262 , celle de Blois , *article* 33 , celle de Bretagne , *article* 328. Il y en a auſſi d'autres qui admettent le Franc-Alleu ſans titre , & qui ont conſervé aux héritages leur liberté naturelle & primitive : telles ſont celle de Troyes , *article* 51 , celle de Chaumont , *article* 62 , celle d'Au-xerre , *article* 23 , celle de Vitry , *arti-cle* 16 , celle de Seſanne , *article* 2 , celle de Nivernois , titre des rentes , *art.* 1. L'uſage du Duché de Bourgogne , confirmé par un arrêt du Conſeil (1) ,

____

(1) Arrêt du Conſeil *ſur la coutume de ce pays ,* du 4 Juillet 1693, pour *tit.* 3ᵉ *art.* 1 . *not.* 52. la Bourgogne. Taiſand ,

celui du Berry attesté par *Chenu sur Papon*, livre 13, titre 2, article 3 : celui du Bourbonnois, attesté par *M. Auroux des Pomiers*, *sur la coutume de cette Province*, titre 28, num. 4; & celui de la Sénéchaussée du Dorat, dont Boucheul fait mention dans la Preface du coutumier général de Poitou, *pag.* 27, *tom.* I.

CHAPITRE XV.

Franc-Alleu de la Guienne établi sur la connoissance de la nature du fief.

189. LA connoissance de la nature du fief peut nous fournir encore des raisons pressantes en faveur du Franc-Alleu de la Guienne. En effet le bail à fief est un véritable contrat, qui se régle par les conventions stipulées entre le Seigneur & le vassal. Or, les contrats ne se présumant point, on ne peut pas non plus présumer le bail à fief ; & par conséquent si celui qui prétend être Seigneur ne rapporte pas le titre primordial, ou des actes possessoires, on doit prononcer pour la liberté du possesseur des terres.

190. Il y a des contrats où le seul consentement suffit pour les faire valoir ,& pour produire les obligations qui dépendent des conventions ; il y en a d'autres où le seul consentement ne suffit pas pour donner un fondement suffisant aux obligations que l'on stipule : cette dernière espèce de contrat est connue dans le droit sous le

ñom des obligations qui font contrac-
tées par la chofe : *Quæ re contra-
huntur.*

191. Le fief eft un des contrats de
cette dernière efpèce. Auffi n'eft - ce
que par la tradition du fonds faite par
le propriétaire, que le fief & les obligations qui en font une fuite , peuvent être établis ; que s'il n'y a point
de tradition de fonds , les droits Féodaux ou Seigneuriaux ne font point
dûs, & toutes les ftipulations fe ré
duifent à de fimples obligations perfonnelles ou hypothécaires , qui font
fujettes à la prefcription , tout de même que les autres actions ; parce que ,
comme l'a fort bien remarqué *Loifeau,*
(1) nul ne peut impofer une charge
fonciere fur l'héritage , fi non celui
qui en eft Seigneur ; & encore faut-il
que ce foit lors de la tradition & de
l'aliénation de l'héritage, & non autrement. Car comme par un fimple
pacte , fans tradition de la chofe, le
Domaine ne peut être transferé (2) ,
auffi les charges qui participent à la

---

(1) Loifeau , *du déguerpiffement , liv.* 1 , *ch.* 3 *y
nxm.* 3.

(2) *Lib. Traditionibus* 20. *cod. de Pactis.*

X 4

Seigneurie, ne peuvent être autrement créées que lors de la tradition, par le moyen de la rétention & de la réservation que le propriétaire fait à son profit, & en vertu de la condition apposée au contrat : ce qui eſt fondé ſur pluſieurs textes du droit Romain, rapportés par *Loiſeau* (1) ; & le Parlement de Touloule l'obſerve conſtamment dans l'uſage, ſuivant le témoignage du Préſident (2) *Duranty*, de *Graverol* & de *Catellan*. A la vérité d'*Olive* (3) avoit rapporté quelques Arrêts contraires ; mais il a été repris par les Auteurs qui ont écrit après lui, leſquels ont remarqué qu'il y avoit de l'équivoque dans les Arrêts qu'il rapporte : il s'eſt même corrigé dans la dernière édition de ſon recueil d'Arrêts.

192. Voilà pourquoi la plupart des fiefs de la Guienne, qui ont été établis, comme le prétendent *Auteſerre* & pluſieurs autres Auteurs, par un ſimple conſentement des poſſeſſeurs des biens allodiaux, & ſans aucune

---

(1) Loiſeau, *ibid*, *n*. 4.
(2) Duranty, *q.* 55.
Graverol, *ſur Larroche-* *Verb*. Rente, *art*. 7. Catellan, *liv*. 3, *ch*. 4.
(3) Olive, *liv*. 2, *ch*. 21.

tradition du fonds, ne pourroient pas être regardés comme des fiefs, mais comme de simples conventions, qui feroient par conséquent sujettes aux règles ordinaires des autres contrats, & particulièrement à la prescription. Ainsi il faudroit nécessairement décharger les possesseurs, & prononcer pour leur liberté, toutes les fois que les Seigneurs ne feroient pas apparoir de la concession du fief ou des titres possessoires qui la fissent présumer.

CHAPITRE XVI.

Exception en faveur des droits du Roi.

193. Nous finirons, en obfervant que, quoique nous ayons remarqué ci-deffus, num. 184, que l'Ordonnance de 1629 n'eft point obfervée, en ce qu'elle déroge univerfellement au Franc-Alleu, ce qui eft vrai, nous n'avons pas entendu foutenir que la préfomption qui milite en faveur du Roi en Guienne, lors que Sa Majefté a la Seigneurie directe jointe avec la juftice, doive fouffrir quelque atteinte : & quoiqu'Elle ne rapporte pas des actes juftificatifs de la mouvance de toutes les terres fituées dans les villes ou lieux où elle a la juftice & la Seigneurie directe, les poffeffeurs n'en doivent pas moins être affujettis aux droits Seigneuriaux, par une raifon qui eft particulière à fa Majefté, & qui ne peut pas militer en faveur des Seigneurs particuliers ; c'eft que toutes les terres enclavées dans les villes ou lieux dont Sa Majefté juftifie la Seigneurie directe de la plus grande par-

tie, doivent être préfumées du nombre de celles qui furent réfervées au Domaine du Roi lors de la conquête ou du partage, ainfi que nous l'avons expliqué ci-devant ; lefquelles terres doivent auffi être préfumées avoir été baillées originairement en fief ou cenfive, fi les poffeffeurs ne juftifient qu'elles ont été baillées en Franc-Alleu ; parce que nos Rois, dans l'ancien temps, ont très-rarement aliéné leur Domaine, à titre d'Alleu ; & la plus commune façon de faire paffer la propriété des terres fur la tête des particuliers, a été à titre de fief ou de cenfive. Ainfi cette préfomption plus forte que l'argument que l'on peut tirer de la loi Romaine, qui eft le fondement du Franc-Alleu, doit prévaloir.

F I N.

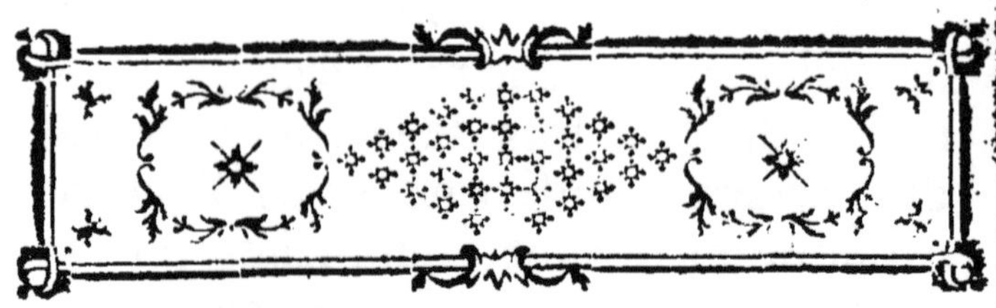

TABLE DES CHAPITRES

ET DES SECTIONS

Contenus dans ce Volume.

CHAPITRE VI.

CHAPITRE VII.

Cʜᴀᴘɪᴛʀᴇ VIII.

Cʜᴀᴘɪᴛʀᴇ IX.

Cʜᴀᴘɪᴛʀᴇ X.

Cʜᴀᴘɪᴛʀᴇ XI.

Cʜᴀᴘɪᴛʀᴇ XII.

Fin de la Table.

PRIVILEGE DU ROI.

LOUIS, par la grâce de Dieu, Roi de France & de Navarre : A nos amés & féaux Conseillers les Gens tenant nos Cours de Parlement, Maître des Requêtes ordinaires de notre Hôtel, Grand-Conseil, Prevôt de Paris, Baillifs, Sénéchaux, leurs Lieutenans Civils, & autres nos Justiciers qu'il appartiendra, SALUT. Notre amé le sieur HÉRISSANT fils, Libraire, Nous a fait exposer qu'il désireroit faire imprimer & donner au Public des Ouvrages qui ont pour titres : *Traité des Substitutions, par M. Furgole, Avocat au Par-*

lement de Toulouſe : TRAITÉ DU FRANC-
ALLEU, *par le même :* L'Eſprit de la Ligue,
ou Hiſtoire Pol tique des troubles de la Fran-
ce pendant le ſeizième ſiècle , s'il nous plaiſoit
lui accorder nos Lettres de Privilége pour ce
néceſſaires : A CES CAUSES, voulant favorablement traiter l'Expoſant, nous lui avons permis
& permettons par ces Préſentes, de faire imprimer ſeſdits Ouvrages autant de fois que bon
lui ſemblera , & de les vendre , faire vendre
& débiter par-tout notre Royaume , pendant
le temps de *douze années conſécutives ,* à
compter du jour de la date des Préſentes :
Faiſons défenſes à tous Imprimeurs, Libraires
& autres perſonnes de quelque qualité & condition qu'elles ſoient, d'en introduire d'impreſſion étrangère dans aucun lieu de notre obéiſſance ; comme auſſi de faire imprimer , vendre , faire vendre , débiter ni contrefaire leſdits
Ouvrages , ni d'en faire aucun Extrait , ſous
quelque prétexte que ce puiſſe être , ſans la per-
miſſion expreſſe & par écrit dudit Expoſant ,
ou de ceux qui auront droit de lui , à peine
de confiſcation des Exemplaires contrefaits ,
de trois mille livres d'amende contre chacun
des contrevenans , dont un tiers à Nous , un
tiers à l'Hôtel-Dieu de Paris , & l'autre tiers
audit Expoſant , ou à celui qui aura droit de
lui , & de tous dépens , dommages & intérêts ;
à la charge que ces Préſentes ſeront enregiſ-
trées tout au long ſur le Regiſtre de la Com-
munauté des Imprimeurs & Libraires de Paris , dans trois mois de la date d'icelles , que
l'impreſſion deſdits Ouvrages ſera faite dans
notre Royaume , & non ailleurs , en bon pa-

pier & beaux caractères, conformément aux
Réglemens de la Librairie, & notamment à
celui du 10 Avril 1725, à peine de déchéance
du préfent Privilége ; qu'avant de les expofer
en vente, les Manufcrits qui auront fervi det
Copie à l'impreffion defdits Ouvrages, feront
remis dans le même état où l'Approbation y
aura été donnée, ès mains de notre très-cher
& féal Chevalier Chancelier de France le Sieur
DE LAMOIGNON, & qu'il en fera enfuite remis deux Exemplaires de chacun dans notre
Bibliotheque publique, un dans celle de notre
Château du Louvre, un dans celle dudit Sieur
DE LAMOIGNON, & un dans celle de notre
très-cher & féal Vice-Chancelier & Garde des
Sceaux de France le Sieur DE MAUPEOU, le
tout à peine de nullité des Préfentes ; du contenu defquelles vous mandons & enjoignons de
faire jouir ledit Expofant & fes ayans caufe,
pleinement & paifiblement, fans fouffrir qu'il
leur foit fait aucun trouble ou empêchement.
Voulons que la Copie des Préfentes qui fera
imprimée tout au long au commencement ou
à la fin defdits Ouvrages, foit tenue pour due-
ment fignifiée ; & qu'aux Copies collationnées
par l'un de nos amés & féaux Confeillers-Se-
crétaires, foi foit ajoutée comme à l'Original.
Commandons au premier notre Huiffier ou
Sergent fur ce requis, de faire pour l'exécution d'icelles, tous actes requis & néceffaires,
fans demander autre permiffion, & nonobftant
clameur de Haro, Charte Normande & Lettres à ce contraires : Car tel eft notre plaifir.
DONNÉ à Compiegne le vingtième jour du
mois d'Août, l'an de grâce mil fept cent foixan-

te-six, & de notre Règne le cinquante-neuvie-
me. Par le Roi en son Conseil.

LE BEGUE.

*Registré sur le Registre XVII de la Cham-
bre Royale & Syndicale des Libraires &
Imprimeurs de Paris, N.º 907, fol. 14, conformément au Réglement de 1723. A Paris
ce 28 Août 1766.*

GAVEAU, Syndic.